Le coaching pour mieux vivre

Chez le même éditeur :

- *Examens : en forme le jour J*, Jean-Marc Bayle
- *Réfléchir vite et bien*, Edward de Bono
- *Mieux vivre avec l'analyse transactionnelle*, Alain Cardon
- *Sortir des conflits avec les autres*, Christophe Carré
- *La PNL*, Catherine Cudicio
- *Avoir une sexualité épanouie*, Catherine Cudicio
- *Mieux connaître sa personnalité*, Jean-François Decker
- *Petit guide de la retraite heureuse*, Marie-Paule Dessaint
- *Savoir et oser dire Non*, Sarah Famery
- *Arrêter de culpabiliser*, Sarah Famery
- *Avoir confiance en soi*, Sarah Famery
- *Se libérer de ses peurs*, Sarah Famery
- *Proverbes psy pour mieux vivre*, Ysidro Fernandez
- *Slow down*, John Hapax
- *Mieux vivre avec ses émotions*, Didier Hauvette
- *Découvrir la musicothérapie*, Edith Lecourt
- *Oser s'exprimer*, Guyette Lyr
- *Couple : où en êtes-vous ?*, Catherine Olivier
- *Manipulation : ne vous laissez plus faire !*, Jacques Regard
- *Comprendre la crise d'adolescence*, Françoise Rougeul
- *La psychogénéalogie expliquée à tous*, Isabelle de Roux et Karine Segart
- *Les troubles du comportement alimentaire*, Laëtitia Sirolli

Catherine Cudicio

Le coaching pour mieux vivre

EYROLLES

Éditions Eyrolles
61, Bd Saint-Germain
75240 Paris Cedex 05
www.editions-eyrolles.com

Mise en pages : Istria

ISBN 978-2-212-53950-9

Sommaire

Avant-propos

« La plus grande chose du monde, c'est de savoir être à soi. »

Montaigne, *Les Essais*

Relation d'aide, accompagnement didactique, dynamique d'épanouissement personnel ? Le coaching rassemble tous ces aspects sans en privilégier ni en exclure aucun. Il s'agit d'un cadre relationnel favorable à la découverte de soi et à la mise en valeur de ses qualités.

La cohérence et l'utilité de ma philosophie du coaching reposent sur l'application de quelques principes fondamentaux visant à comprendre le sens des difficultés, rétablir l'accord en soi-même, et faciliter la communication avec autrui. Dans cette perspective, trois axes guident la démarche du coach :

- il s'agit tout d'abord de repérer et d'énoncer clairement le problème ;
- puis de prendre ses distances en examinant avec précision comment il s'installe, quel est son sens et pourquoi il se maintient ;
- enfin, d'effectuer une synthèse créative à partir des indices recueillis.

Cette structure solide bien que fort légère se transmet facilement et vient s'ajouter aux compétences personnelles, donnant accès à plus d'autonomie. Grâce à une connaissance approfondie de soi-même, et à une intégration de ses intuitions, on devient capable d'évaluer objectivement une situation, et d'harmoniser les objectifs avec la voie d'accomplissement de soi.

À lire avant de commencer !

Qu'est-ce que le coaching ?

Le coaching est une relation d'aide qui consiste à accompagner une personne dans la mise en œuvre d'un projet de vie personnelle ou professionnelle, la préparation d'une performance sportive, d'un examen ou d'une épreuve.

En anglais, le mot *coach* a plusieurs sens, il désigne aussi bien un véhicule (carrosse, diligence, voiture de chemin de fer, autocar) que la personne placée aux commandes de ce véhicule : le « cocher ». Par la suite, le sens du mot *coach* a évolué et a désigné l'entraîneur dans le domaine du sport, ou le répétiteur chargé d'aider les enfants à faire leur travail scolaire.

Le sens actuel du terme « coach » s'inscrit dans une métaphore de déplacement vers un but. Le coach est l'accompagnateur, l'entraîneur, ou l'expert auquel incombent des missions de préparation, de formation, de soutien.

On distingue deux types de coaching :

- le coaching d'expertise ;
- le coaching de vie.

Le coaching d'expertise

Le coaching d'expertise correspond aux rôles d'entraîneur du monde sportif. Il s'agit quelquefois d'un ancien sportif de haut niveau qui, ayant quitté la compétition, se reconvertit comme entraîneur et fait bénéficier les jeunes athlètes de son expérience. Dans certains cas, le rôle d'entraîneur est assumé par un proche ou un parent, particulièrement motivé par la réussite de son « poulain », cela s'observe surtout dans les sports individuels (gymnastique, tennis, patinage artistique, natation).

Cet expert connaît parfaitement le sport, il a pratiqué la compétition et sait comment préparer au mieux un compétiteur. Il est aussi attaché à la réussite de son protégé pour des motifs qui vont de la fierté familiale à l'intérêt financier : la rémunération du coach sportif est proportionnelle aux résultats. En cas de défaite, il est facile de s'en débarrasser en lui attribuant la responsabilité de l'échec : cela permet d'évacuer la culpabilité du sportif ou de l'équipe et de redémarrer en faisant abstraction des résultats non désirés.

En dehors du monde sportif, le coaching d'expertise tient également une place importante. Par exemple, dans le monde des affaires, le consultant est souvent un ancien cadre dirigeant d'une grande entreprise ou d'une administration, qui donne à sa carrière une autre dimension ou tire parti d'un plan social.

Dans le monde politique, le coach agit dans l'ombre, fédère les énergies de l'équipe, stimule les motivations, apaise les conflits personnels.

À savoir

Tous les métiers, notamment ceux de la communication fournissent matière à coaching. Par exemple, les experts de l'image personnelle assument des rôles voisins du coaching, en construisant des représentations valorisées qui jouent non seulement sur l'impact médiatique, mais aussi sur la perception de l'identité de la personne.

Le coaching de vie

Le coaching de vie ou *life coaching* se différencie du coaching d'expertise car le coach n'appartient pas au domaine spécifique dans lequel il intervient. Dans le monde du sport, on fait souvent appel à des « psy » pour motiver et développer les ressources psychologiques des athlètes. De grands thérapeutes se sont illustrés dans ce domaine, citons notamment Milton Eriksson qui a enseigné des techniques d'hypnose à l'usage des sportifs de haut niveau.

Des attentes très lourdes pèsent sur ce coach dont le rôle est trop souvent confondu avec celui de « gourou » ; nul n'ignore en effet qu'à niveau égal d'entraînement c'est le « mental » qui fait la différence.

Le coaching de vie n'est pas une thérapie mais un ensemble de moyens pour réaliser un projet existentiel. Le monde de l'entreprise fait appel à un coach pour accompagner individuellement ses cadres et ses collaborateurs, dont les performances dépendent pour beaucoup de facteurs psychologiques. Les comportements utiles et efficaces exigent un soutien cohérent de la pensée et du senti.

Quel est le rôle précis du coach ?

Le coach détient une expérience et des savoirs qu'il transmet pour améliorer, développer, faire apparaître les ressources de ses clients. Le coach agit comme déclencheur de talents, il lui appartient de voir, au-delà des apparences, les indices qui permettront à son client de se révéler et d'exceller dans son domaine. Dans un coaching d'expertise, le coach doit connaître ses propres limites et ne pas craindre d'être dépassé, mais tout au contraire travailler dans la perspective de voir son « élève » aller plus loin que lui.

La relation de coaching s'inscrit dans plusieurs dimensions : conseil, enseignement, soutien moral... Cela demande un solide climat de confiance et un respect mutuel.

À savoir

Le coaching est une relation qui s'articule autour de trois axes:

- **l'expertise ;**
- **la pédagogie ;**
- **la psychologie.**

Chacun de ces axes exige de la part du coach des qualifications importantes et des aptitudes de communication, en effet, l'expertise est inutile si elle ne peut être transmise, la psychologie ne sert à rien si elle ne peut être actualisée dans des comportements et des « savoir-être », enfin, la pédagogie à elle seule ne suffit pas à insuffler la motivation indispensable pour réaliser un projet.

■ Qui peut être coach ?

Toute personne qui possède des qualités humaines, des compétences dans la relation d'aide et de conseil, des savoirs dans un ou plusieurs domaines pourrait devenir coach. Dans bien des contextes et avant qu'il existe des formations spécifiques, le coach venait généralement d'un « terrain » où il avait acquis une expérience. Il arrivait ainsi sur le marché du travail fort de son expérience, animé du désir d'aider les autres et de prendre une autre direction dans sa propre carrière.

Les formations au coaching sont aujourd'hui très courantes, elles enseignent pour l'essentiel des techniques d'entretien, et une pratique très codifiée, profondément influencée par la psychanalyse, un indispensable travail sur soi et une supervision complétant le parcours du futur coach.

■ Dans quels cas doit-on avoir recours au coaching ?

Chaque fois que l'on a besoin d'un regard extérieur pour mieux évaluer ses possibilités, sa progression et ses buts, le coaching fait gagner en temps et en efficacité.

Chaque fois que l'on se trouve dans une période de transition et que l'on éprouve des difficultés à prendre de nouveaux repères, le coaching aide à faire la part des choses, hiérarchiser les priorités, tenir compte des véritables valeurs. Nous sommes tous concernés par des phases de transition : l'adolescence, le passage de la vie d'étudiant à la vie professionnelle, la perte d'un emploi, une promotion, un divorce, une mutation, le passage de la vie active à la retraite, le départ des enfants, un deuil, l'arrivée d'un enfant ou d'un parent, ou tout autre situation qui vient déstabiliser notre vie.

Certaines situations nécessitent de la motivation, de l'assiduité, de la confiance en soi : chercher un travail, se libérer d'une mauvaise habitude, oser dire « non », observer une hygiène de vie, changer son « look ». Le coaching facilite la réalisation de ces projets.

Il est possible, grâce au coaching, de mieux vivre de nombreuses situations difficiles ou déstabilisantes. Le coaching est une relation d'aide qui permet, grâce à un point de vue dépassionné, de progresser et de s'adapter. Nous possédons toutes les ressources psychologiques, le coaching ne sert qu'à les mobiliser…

Peut-on devenir son propre coach ?

Oui, si l'on considère la dimension didactique. Au cours du processus, on apprend à gérer certaines difficultés, mobiliser ses ressources. Un coaching réussi permet d'acquérir des compétences réutilisables, on peut alors parler de « self coaching ». Mais, si on considère que l'avantage majeur réside précisément dans la présence du coach à ses côtés, on n'a aucun intérêt à vouloir être son propre coach… Accepter d'être accompagné installe un climat favorable à la résolution des difficultés.

Les méthodes du coaching

Le coaching de vie se confond avec les parcours de développement personnel, les approches peuvent être très différentes les unes des autres, et la personnalité du coach joue un rôle important. Pour réussir son coaching il est donc nécessaire de choisir l'approche sur mesure, adaptée à ses objectifs et à sa disponibilité.

Les entretiens en présence réelle ou virtuelle sont indispensables, ils permettent notamment d'exprimer les problématiques par le langage, de confronter raison et passion, d'apprendre à évaluer sa situation, à définir un plan d'action, une voie d'accomplissement, les moyens et les enjeux. Ces entretiens permettent en outre d'effectuer un travail sur soi et d'acquérir des outils cognitifs comme des réflexes de questionnement, et une aptitude à utiliser différents angles de vue afin d'apprendre à cerner les problèmes. Un coaching réussi ne se limite pas à atteindre l'objectif, mais fournit les moyens psychologiques de son accomplissement, il s'agit bien d'une stratégie qui vise à rendre plus autonome pour devenir un acteur de sa vie, de son travail, de ses choix…

L'entretien direct

Avant de s'engager dans un parcours de coaching, un entretien est organisé, cette prise de contact permet de poser les bases mais surtout de savoir si un climat de confiance va s'établir. C'est le moment d'exprimer ses réticences, ses inquiétudes mais aussi et surtout ses attentes. Le coach devra s'accommoder de ces demandes, répondre le plus clairement possible aux questions, accueillir avec bienveillance toute remarque même si elle lui semble inappropriée ou inexacte. L'essence même du coaching est un accompagnement didactique, tout ce que la personne apporte a de l'importance : ses attentes comme ses critiques, ses préjugés et ses désirs, ses problèmes et ses stratégies...

Au cours de l'entretien de départ, le coach donne des informations sur ses engagements, et notamment sur la complète confidentialité. Il est en effet contraint au secret professionnel qu'il fasse ou non partie d'une association de professionnels. L'obligation de résultats n'est pas nécessairement pertinente dans le coaching de vie, mais dans le coaching d'expertise elle peut être imposée dès le départ. Par exemple, un coach qui vous aide à écrire votre livre s'engage à terminer son travail et à livrer le manuscrit dans des délais réalistes fixés ensemble.

À savoir

La plupart des associations de coaching font état de chartes détaillées définissant les engagements du coach. Les deux plus important étant la confidentialité et, dans le cas d'un coaching d'expertise, l'obligation de résultat.

Le coaching peut ensuite se dérouler sous la forme d'entretiens directs. Les rendez-vous sont généralement hebdomadaires, à un jour et une heure donnés. Cela permet un suivi régulier de la progression, et une rupture dans le quotidien, une parenthèse au cours de laquelle on prend du temps pour soi. L'entretien en direct renforce le lien, et c'est sans doute là une de ses limites. En effet, dans le cas où le stress est très lourd, les soucis importants, la confrontation directe avec le coach est parfois une nouvelle source d'inquiétude. Alors qu'on se sent déjà vulnérable dans sa vie, voilà qu'on est une fois de plus examiné à la loupe par le coach. Cela a parfois pour effet un repli sur soi, le rendez-vous hebdomadaire devenant une sorte de contrainte et les manquements s'accumulant. C'est peut-être là un signe qu'une autre forme d'approche est nécessaire.

L'entretien en téléconférence ou par téléphone

Pour le coaching des cadres, le rendez-vous téléphonique dont la fréquence et la durée sont déterminées au préalable reste la norme. L'entretien au téléphone peut être libérateur ou inhibiteur, c'est pourquoi il me semble important d'avoir le choix. Parler sans voir l'interlocuteur autrement que dans ses propres images mentales incite à se confier sans réserve car on ne se sent pas jugé sous son regard. Cependant, pour que les bénéfices soient probants, il est indispensable de prendre un réel rendez-vous avec soi-même, ce qui demande de se ménager un espace de tranquillité où l'on est certain de pouvoir converser sans être dérangé. L'entretien téléphonique peut aussi inhiber ceux pour qui le contact visuel avec l'interlocuteur a une grande importance.

L'entretien en téléconférence est une formule très actuelle. Le son et l'image sont là, mais le contact reste virtuel. Cette formule comme la précédente ne libère de la contrainte de lieu qu'en apparence, mais change considérablement le cadre de la relation. En effet, la conversation virtuelle organise une mise en présence douce, il n'y a pas d'intrusion comme cela peut être le cas dans un entretien en direct. Les états émotionnels, médiatisés par le dispositif, se trouvent alors non pas moins intenses mais plus accessibles à l'analyse. Cette situation ne nuit pas à l'empathie, bien au contraire, elle la rend plus efficace. Comme chacun demeure sur son « territoire », on ne risque pas d'empiéter sur celui de l'autre : cela renforce le respect mutuel et incite au respect de soi. La relation de coaching doit rester une relation d'aide et ne jamais basculer dans le rapport de pouvoir, la conversation virtuelle contribue à maintenir l'équilibre.

Le travail psycho-corporel

> *« mens sana in corpore sano. »*

Le travail psycho-corporel convient au coaching de vie et représente pour certains une voie exceptionnelle d'accomplissement. En effet, les principes sont les mêmes que dans les échanges verbaux : repérage, distance, créativité. Le but est d'arriver à l'équilibre. L'utilisation conjointe de ces deux approches se révèle souvent fort intéressante, car l'une et l'autre se complètent. Atteindre l'équilibre se joue à la fois au niveau du corps et du mental, dont on perçoit mieux l'indissociable union. Il s'agit de trouver une approche intelligente du corps, le critère majeur étant de pouvoir l'adapter à chaque personne.

Claude Boiocchi[1], philosophe, est le créateur de l'entraînement dynamique personnel (EDP), forme de travail sur soi inspirée des arts martiaux, de la boxe, de la danse, du zen et de certaines formes de relaxation. Chacun peut pratiquer l'EDP quel que soit son niveau d'aptitude ou d'expérience dans le domaine du mouvement ou de la concentration. Il ne s'agit jamais de gesticuler, mais de découvrir l'essence du geste et son sens, c'est pourquoi cette approche implique l'ensemble de la personne qui, à l'issue de quelques séances, développe la qualité de présence à soi-même et aux autres, c'est-à-dire son charisme. Cette approche est actuellement la seule qui s'inscrive dans une perspective globale et intelligente de la personne.

Le travail artistique et la créativité

> *« La poésie est une lettre d'amour adressée au monde. »*
>
> Charlie Chaplin

Les principes de repérage de distance et de créativité constituent les points forts d'un coaching réussi, ce sont eux qui permettent d'acquérir de nouvelles compétences et de devenir son propre coach. Les approches artistiques sont particulièrement pertinentes pour réveiller la créativité. Chacun est porteur d'une facette artistique, qu'il s'ingénie souvent à masquer quand il ne s'interdit pas carrément de l'exprimer. Beaucoup pensent aussi que l'art comme thérapie ou développement personnel ne consiste qu'à produire des œuvres qui permettent de « faire sortir » les problèmes. Cette logique d'exonération me paraît un peu simpliste car on oublie que les œuvres d'art sont aussi des œuvres d'artisan. Créer une œuvre c'est prendre en main des outils et des matériaux afin de les assembler en une représentation tout en respectant certains procédés, stratégies, techniques. Le travail sur soi s'accomplit dans le choix d'un projet, sa mise en œuvre et son aboutissement. Le développement personnel trouve en la création artistique de nombreuses métaphores utiles : le choix et la prise en main des outils, la prise de risque, le droit à l'erreur, les défauts dont on fait des qualités, les ques-

1. Boiocchi, C., *Équilibre et vitalité*, Éditions Carnot, 2004. Pour en savoir plus : www.entrainement-dynamique.com.

tions qui sont porteuses de réponses... Enfin, l'approche artistique, par ses aspects didactiques, favorise l'autonomie : on acquiert ainsi un meilleur discernement de ses possibilités, la capacité de se donner des objectifs réalistes et adaptés, la faculté de s'auto-évaluer et de prendre ses distances face à une difficulté, une expérience passée ou présente.

Partie I

Repérer et comprendre

En décrivant la situation de départ, un sens général va apparaître, il sera alors possible de dégager une problématique à partir de laquelle des objectifs seront définis. Ce repérage initial est indispensable, il permet de saisir les éléments significatifs au moment où débute le travail. Par la suite, il sera très utile de s'y référer afin de mesurer l'évolution de la situation. Le repérage de la problématique fonde la base d'une auto-évaluation réaliste, objectif vers lequel tendent nos efforts. Comment les problèmes sont-ils exprimés, quelles sont leurs manifestations, les émotions qu'ils déclenchent ? Quels mots décrivent ce problème ? Dans l'ici et maintenant, quels buts se donne-t-on ?

Chapitre 1

Décrire la situation

Une représentation claire du problème

Témoignage

Alice, 42 ans, vient d'être promue responsable des ressources humaines. Cette promotion traduit l'estime de la direction pour la qualité de son travail, mais Alice rencontre depuis lors toute une série de difficultés.

« Je suis de plus en plus stressée, je dors mal, je suis de mauvaise humeur ce qui fait souffrir mon compagnon et nos enfants. Je m'efforce de ne pas ramener les soucis du bureau à la maison, mais, je n'y peux rien, je n'arrête pas de penser. J'ai peur de ne pas être à la hauteur de la tâche, du coup je sens que je vais faire des erreurs et cela m'angoisse encore plus. Je ne sais pas comment en sortir. »

Alice me présente sa situation. Je vais accompagner sa transition de carrière en mettant tout d'abord en évidence les aspects négatifs de sa situation. Bien qu'elle soit parfaitement capable sur le plan professionnel d'assumer ses nouvelles fonctions, dans sa tête il en va tout autrement. Alice pense en effet qu'elle doit sans arrêt se surpasser pour mériter d'être appréciée. Elle travaille donc dans un sentiment d'urgence permanent, cette organisation psychologique se retrouve d'ailleurs dans tous les contextes de sa vie.

Aujourd'hui cela se manifeste de plusieurs manières qu'elle décrit et que nous allons préciser maintenant en explorant plusieurs pistes.

Le comportement

Comment se manifeste le problème ? Qu'est-ce qui le rend perceptible pour soi, pour les autres ? Pour répondre clairement à ces questions nous allons les relier aux expériences et aux faits auxquels se réfèrent les mots qui les évoquent. En effet, si on compare les mots à la partie émergée d'un iceberg, ils ne représentent qu'une toute petite partie de l'expérience.

Il est facile de décrire un comportement dans ses grandes lignes, cela apporte des éléments observables et tangibles sur lesquels nous pouvons énoncer la problématique. Quand Alice dit « je suis stressée », j'ignore tout de la manière dont cela se manifeste. Le mot « stressée » qualifie et évalue des expériences que les questions suivantes peuvent dévoiler.

---

1 - Les questions à se poser

Comment sais-je que je suis stressé ?

Que se passe-t-il quand je suis stressé ?

Comment mes collègues peuvent-ils savoir que je suis stressé ?

Le problème qu'Alice appelle « stress » se manifeste par certains comportements caractéristiques. Dans cet exemple, Alice donne peu d'indications, elle précise seulement qu'elle dort mal, et se montre souvent de mauvaise humeur. Mes questions la renvoient à des épisodes vécus, elle se rappelle les situations et en donne une description bien plus précise.

Témoignage

« Quand je suis stressée, j'accélère tout ce que je fais. Je travaille dans l'urgence, même parfois la précipitation. Je pense à l'ensemble des tâches à accomplir et je voudrais tout faire à toute vitesse. J'ai des piles de dossiers sur le bureau, je regarde l'heure, je ne vois que ce qu'il reste à faire. Je parle vite, sur un ton cassant, je travaille dans l'urgence pour être plus efficace, mais j'ai peur d'oublier des détails importants alors je vérifie plusieurs fois, je perds du temps et je stresse encore plus… J'ai tout le temps peur de me tromper. »

Cette notion d'accélération est très importante, elle renvoie Alice à des représentations de sa propre efficacité. Travailler vite cela veut dire être efficace, mais aussi que des erreurs peuvent se glisser facilement, ce qui terrifie Alice…

Peu à peu, les difficultés deviennent plus explicites, leurs points de repère apparaissent et chaque terme de la description se rattache à des faits précis. Alice évoque son vécu « stressée » et rassemble diverses situations dans lesquelles cela se manifeste clairement.

Beaucoup de problèmes ne trouvent pas d'issue favorable faute d'avoir été énoncés clairement, jugeons-en. Si quelqu'un dit « J'en ai marre, je n'arrive à rien, de toutes les façons, rien ne marche pour moi. » Il est impossible de lui venir en aide car on ne sait rien, il n'y a aucun élément tangible dans sa déclaration, ni indication de comportement, ni référence à des faits précis. Ce que l'on imagine et ressent en écoutant cela peut induire en erreur si on oublie que ces éléments se construisent dans notre propre expérience et ne viennent pas de l'interlocuteur. Or, souvent, nous faisons une confusion entre ce que nous savons et ce que nous croyons savoir. Si quelqu'un dit « je viens de rater mon permis de conduire, je me sens découragé, je l'ai déjà passé trois fois, je n'en vois pas la fin, ça me tue… », il est possible de l'aider à chercher les éléments responsables de son échec, puis d'élaborer un plan afin de réussir la prochaine fois…

À savoir

Quand la description du problème demeure dans le flou, cela traduit aussi le trouble, le manque de repères et les hésitations qu'il suscite. Le coaching ne peut s'appuyer que sur des faits et non sur une construction imaginaire.

Le ressenti

Il nous faut à présent explorer les états d'âme qui accompagnent ou caractérisent le problème. Le ressenti joue le rôle d'un « fil rouge » qui relie plusieurs expériences situées à différentes époques de la vie, ou dans différents contextes. Il y a toujours une logique interne dans les choix de l'existence, ils s'inscrivent dans un tissu de valeurs et de croyances, et les émotions viennent valider ou interdire certains d'entre eux.

Témoignage

J'aide Alice à explorer ce qu'elle ressent lorsqu'elle est stressée. Je lui demande : « Que ressentez-vous au fond quand vous êtes stressée ? » Alice réfléchit, garde le silence un peu comme si elle revivait un épisode de ce stress puis, elle dit : « J'ai le sentiment que je ne suis pas à ma place… »

Alice explique ensuite qu'elle est stressée parce qu'elle a l'impression d'occuper un poste qui n'est pas pour elle. Quand j'approfondis mon exploration, Alice découvre que ce sentiment occupe une place très importante dans sa vie. Tout se passe comme si elle s'interdisait tout épanouissement personnel ou professionnel. Quand arrive une expérience valorisante, comme sa récente promotion, elle s'oblige à le « payer » très cher par du stress, du malaise. Alice se place dans une situation intenable où elle se contraint à des performances surhumaines. Comme il est évident que personne ne peut atteindre un but par définition inaccessible, Alice ne parvient pas à réaliser les objectifs qu'elle se fixe, elle se place en situation d'échec ce qui renforce son sentiment d'imposture. Le piège se referme…

Trois pistes d'interrogation se révèlent utiles pour explorer le ressenti :

- Que ressentez-vous quand le problème se manifeste ? Des sensations physiques, des dialogues intérieurs, des désirs de fuite, de lutte ou de protection peuvent traduire le ressenti. Comme pour les habiles détectives, le moindre détail a de l'importance si on peut le relier à un ensemble significatif.

- Ressentez-vous cela dans d'autres circonstances ? Les problèmes qu'on affronte dans certaines situations se manifestent parfois sous des formes voisines dans d'autres. Pour repérer ces glissements, nous avons besoin d'indices significatifs. Le ressenti offre une piste très intéressante car, si les contextes changent, il demeure généralement stable. Si quelqu'un éprouve en permanence la peur de la nouveauté, il évite tout changement, que ce soit dans sa vie privée ou sa vie professionnelle.
- Quel nom donneriez-vous à ce ressenti ? Donner un nom à ce ressenti, c'est le mettre à distance, ce qui permet d'identifier clairement par la suite les ressources nécessaires pour gérer le problème. Si je demeure au niveau du stress que ressent Alice, je peux lui apprendre à se détendre, respirer calmement ce qui lui apportera une aide indéniable. Mais pour obtenir une réelle amélioration, c'est au niveau du sentiment d'imposture qu'il faudra effectuer un réel travail.

Scénario du problème : déclenchement, processus, sortie

Pour bien comprendre la difficulté, nous allons examiner la « mécanique » d'Alice, en partant de l'idée qu'il faut un déclencheur pour mettre en marche la « machine à problème », un carburant pour l'alimenter, et un dispositif permettant de s'arrêter.

Témoignage

Alice continue d'explorer son problème. Je lui demande : « Y a-t-il un événement qui déclenche vos difficultés ? »
« Non, répond Alice. J'ai plutôt le sentiment qu'il arrive un temps où la coupe est pleine. Je n'arrive plus à gérer, je perds le contrôle et le stress s'installe. Ensuite, je me dis que j'ai tort de réagir comme ça. Je me sens un peu coupable, et du coup, j'ai l'impression que cela empire… Pour arriver à me calmer, il faut que je prenne un peu de temps pour souffler, pour réfléchir, mais j'ai beaucoup de mal à y arriver, et souvent je ramène tous ces soucis à la maison. »

Un petit détail qui passe inaperçu aux yeux des autres peut prendre une grande importance et déclencher la mise en marche de la « machine à problème ». Il arrive aussi que l'accumulation de faits nous conduise peu à peu vers un seuil à partir duquel les difficultés surgissent. C'est l'expérience que décrit Alice quand elle dit « la coupe est pleine... ». À partir de ce seuil, elle est envahie par un sentiment d'incapacité, elle perd le contrôle de la situation. La possibilité de choisir a disparu.

Tant que l'on arrive à « prendre sur soi », à « garder le contrôle » on continue de croire que l'on gère la situation, mais c'est une illusion qui fait oublier que l'on reste vulnérable et que cette lutte conduit à l'épuisement. C'est pourquoi, inexorablement, on se dirige vers un seuil à partir duquel tout bascule... Une fois le seuil franchi, règne une logique chaotique. Les événements se succèdent, on les traite au plus vite, sans hiérarchiser les priorités, en essayant d'apporter des réponses destinées à faire cesser la difficulté. Cette situation peut s'installer durablement, pris dans la tourmente, plus on s'efforce de lutter et plus on offre à cette terrible « machine » un carburant de premier choix.

Alice prétend savoir ce qu'il lui faudrait pour s'en sortir mais, elle ne parvient ni à trouver le remède ni à échapper à ce tourbillon infernal. Elle voudrait « souffler un peu », prendre du temps pour réfléchir, et finalement, ne fait que différer, elle emporte du travail à la maison ce qui a pour effet d'étendre le territoire contaminé par le stress... Elle essaie de se rassurer par son dialogue intérieur.

---

2 - Les questions à se poser

Qu'est-ce qui déclenche le problème ?

Une fois mis en route, qu'est-ce qui le fait durer ?

Comment fais-je pour sortir de ce problème ?

Ces questions s'intéressent à des problèmes durablement installés, le stress, le manque de confiance en soi, la peur de s'exprimer, comme à des difficultés plus ponctuelles, la tendance à se mettre en colère ou à se laisser envahir par des ressentis douloureux...

Exercice 1
Cerner les difficultés : comportement, ressenti, fonctionnement

Voici le tableau qui décrit très sommairement le problème d'Alice. Dans la première colonne, un nom est donné à ce problème, puis les traits caractéristiques du comportement, du ressenti et du déroulement du problème sont indiqués dans les colonnes suivantes. Enfin, une phrase-clé résume le présupposé ou la croyance sous-jacente du problème. Dans le cas d'Alice, c'est en suivant le fil de son ressenti que l'impression d'imposture est apparue...

À votre tour, pensez à une difficulté que vous rencontrez fréquemment et posez-vous les questions que j'ai utilisées pour cerner le problème d'Alice, mais en utilisant cette variante :

Comment ce problème se manifeste-t-il ?

Que se passe-t-il quand vous vivez ce problème ?

Quels sont les comportements qui le caractérisent ?

Comment une autre personne peut-elle voir et comprendre que vous vivez ce problème ?

Que ressentez-vous quand le problème se manifeste ?

Que voudriez-vous faire à ce moment-là ?

Éprouvez-vous ce ressenti dans d'autres circonstances ?

Quel nom donnez-vous à ce que vous ressentez ?

Qu'est-ce qui déclenche le problème ?

Que se passe-t-il en vous quand le problème se déclenche, puis s'installe ?

Qu'est-ce qui le fait durer ?

Comment le problème s'arrête-t-il ?

Que tentez-vous de faire pour en sortir ?

Mon problème	Ses manifestations	Son ressenti	Sa mécanique
Stress	Accélération, mauvaise humeur	Sentiment d'imposture, peur, culpabilité	Schéma de seuil, dialogue intérieur, fuite en avant
Phrase-clé : « je ne suis pas à ma place »			

Une représentation réaliste des buts souhaités

Imaginer l'objectif à atteindre

La relation de coaching conduit vers l'aboutissement d'un projet, la réalisation d'un but, autrement dit : une réussite. Définir clairement par les mots et construire mentalement les images du but à atteindre permet de s'assurer de sa validité. Pour formuler son objectif de façon explicite, il est utile de commencer par en visualiser la réalisation, l'aboutissement, la réussite désirée et atteinte.

Si vous dites : « je veux maigrir », ou encore « je veux perdre huit kilos avant les vacances », votre coach ne sait pratiquement rien de votre objectif, contrairement à ce que vous croyez. Le coach n'est pas un devin, il est incapable de lire dans vos pensées, c'est pourquoi, il va chercher à connaître l'image de votre but en posant quelques questions.

Témoignage

Édouard, 38 ans, est un ancien sportif. Les responsabilités professionnelles qu'il assume aujourd'hui ne lui laissent plus beaucoup de temps pour ses loisirs, aussi a-t-il abandonné ses activités sportives, et peu à peu, il a pris du poids. Aujourd'hui, il ne se supporte plus : « Je dois perdre vingt kilos, je veux être comme j'étais à vingt ans, mince, musclé. Quand je me regarde dans la glace, je ne me reconnais plus, j'ai honte de moi. Je vois un gros type gras avec du ventre, ça me dégoûte. En fait, ça me déprime. Quand je dis que je veux maigrir, ma femme me regarde avec un sourire ironique… Enfin, je le vois comme ça. »

Édouard parle essentiellement de sa sensation, du sentiment qu'il éprouve en se voyant dans la glace. Il précise qu'il voudrait être comme lorsqu'il avait vingt ans. Je dispose de plusieurs éléments de représentation sensorielle pour décrire la situation présente, mais seulement d'une information datant de dix-huit ans pour visualiser l'objectif futur.

Pour aider Édouard à se représenter son objectif de façon réaliste, je choisis de prendre la sensation comme point de départ et pose la question: « Quand vous aurez atteint votre objectif, comment vous sentirez-vous ? ». Cette question stimule l'imagination d'Édouard qui explore toutes les facettes de ce ressenti : se sentir léger, sentir ses muscles toniques, se sentir capable de courir vite, de sauter, de danser, se sentir heureux, à l'aise dans sa peau, bien dans son corps...

Quand cette exploration du ressenti a révélé toute la palette d'informations sensorielles, je demande à Édouard « Imaginez que votre objectif est atteint, vous vous regardez dans une glace, que voyez-vous ? » Cette fois, ce sont les informations visuelles qui vont venir compléter la représentation de l'objectif. Édouard imagine qu'il doit s'acheter de nouveaux vêtements, car ceux qu'il porte aujourd'hui sont devenus trop grands, il dit : « J'ai l'air d'un clown habillé comme ça, il est temps que je change de look, maintenant, je peux me permettre de porter ce que je veux. »

À présent, Édouard possède une image pleine de couleurs, de vie qui ressemble vraiment à ce qu'il veut, il se voit dans un futur proche, sa silhouette lui plaît et il s'y sent parfaitement à l'aise. Je lui demande de se concentrer sur cette image puis pose la question suivante : « qu'en dites-vous ? ». Édouard réfléchit puis il sourit et répond : « j'ai la certitude que je vais y arriver... ».

Pour construire une image réaliste et qui reflète fidèlement le résultat désiré, on va explorer les représentations sensorielles visuelles, auditives sans oublier le ressenti, c'est-à-dire les sensations et les sentiments.

---

3 - Les questions à se poser

J'imagine que mon objectif est atteint : que vois-je, qu'est-ce que je ressens ?

Qu'est-ce que j'en dis ?

Ces questions servent de fil conducteur et il convient de les utiliser avec souplesse en gardant présent à l'esprit qu'on cherche à construire une représentation sensorielle de l'objectif.

Témoignage

Alice, qui vit dans le stress depuis sa promotion, m'explique comment elle voit les choses une fois ses difficultés surmontées. « Une fois mon problème résolu, je me vois au bureau, je suis souriante et détendue, la pile de dossiers est moins impressionnante parce que j'ai réussi à tout classer. Je suis bien organisée et je trouve le temps de faire mon travail calmement. Je me sens disponible, légère, efficace. En famille, ça va bien, je reste " zen " et cela ne me demande aucun effort, au contraire, j'ai le sentiment que je suis vraiment moi-même quand je me sens aussi bien. Je me dis qu'en fait, c'est facile et je réalise que je me suis compliqué les choses sans raison… Maintenant, je suis bien décidée à me rattraper ! »

Alice se fait peut-être une image un peu idéalisée, en effet, être « zen » ne signifie nullement se priver de ses émotions ; certaines situations exigent une forte implication personnelle et exposent à vivre des moments intenses dont le ressenti peut être voisin du stress.

L'image du but atteint pourra évoluer, d'autant que de nouvelles ressources psychologiques se déploient progressivement au long du parcours. Mais pour l'instant, nous allons passer à la dernière étape de l'identification de l'objectif : mettre des mots sur l'image de l'aboutissement. Comment formuler ce que nous voulons maintenant alors que nous disposons d'une image mentale de l'objectif atteint ? Voici la réponse d'Alice : « Je veux arriver à garder mon calme, à hiérarchiser les priorités, et prendre plus de temps pour moi et ma famille. » Et celle d'Édouard : « Je veux me sentir léger, bien dans mon corps, et content de ma silhouette quand je m'habille ou me regarde dans la glace. »

Les formulations initiales comme « je ne veux plus être stressée en permanence » ou « je veux maigrir » ont évolué, elles sont à présent descriptives, et centrées sur l'expérience sensorielle.

Faire l'inventaire des moyens nécessaires

Quand on visualise le but à atteindre, les moyens appropriés pour y parvenir se dévoilent. La réussite du parcours demande de mettre en œuvre certaines ressources psychologiques, parfois de modifier des préjugés, d'assouplir des limites qui n'ont aucune raison d'exister. La plupart des obstacles sont en nous.

Témoignage

« Selon vous, Alice, quels sont les moyens nécessaires pour atteindre votre objectif ? »
« Quand je regarde ces images de mon objectif, répond Alice, je vais dire " efficace et sereine ", je réalise que j'ai surtout besoin d'apprendre à me faire confiance, si je stresse c'est que je doute sans arrêt. Il me faut aussi des expériences réussies, pour que je puisse m'appuyer sur ces succès. En fait, je les ai ces expériences réussies, mais quand j'éprouve des difficultés, elles disparaissent. »

Visualiser l'objectif permet de comparer la situation présente à celle que l'on désire atteindre. Le contraste entre les deux met en exergue ce qui manque à la première pour ressembler à la seconde, et fait apparaître les moyens pour y parvenir. Quand Alice évalue sa situation présente et celle qu'elle désire atteindre, « efficace et sereine », elle comprend immédiatement ce qui les différencie. Le doute, le manque de confiance en soi, l'impossibilité de prendre appui sur ses expériences réussies contribuent à générer et maintenir le stress. La confiance en soi permettrait à Alice de mieux évaluer ses possibilités et donc de se fixer des buts réalistes au lieu d'exiger d'elle-même des performances hors d'atteinte, qui la gardent prisonnière d'un sentiment d'échec.

Avant tout, Alice a besoin d'un moyen qui lui permette de se faire confiance. Elle parviendrait ainsi facilement à détecter le seuil à partir duquel la « machine à problème » se met en marche, à prendre conscience de ses compétences, mieux évaluer ses possibilités, et enfin hiérarchiser les priorités. Plus Alice serait capable d'utiliser ce moyen et plus elle pourrait prendre appui sur ses expériences réussies, et cesser d'être terrifiée par la peur de se tromper.

À savoir

Les moyens à mettre en œuvre pour atteindre l'objectif apportent des réponses aux problèmes que pose la situation présente, viennent pallier des manques, ou encore surmonter des obstacles. Prendre conscience que l'on produit soi-même les obstacles représente déjà une prise de pouvoir sur ceux-ci.

---

4 - Les questions à se poser

Quels moyens sont-ils nécessaires pour atteindre mon objectif ?

Qu'est-ce que je compte faire pour atteindre mon objectif ?

Quels obstacles devrai-je affronter ?

Comment je compte y arriver ?

Les forces motrices

Quand on vit une difficulté, les ressources dont on dispose semblent inaccessibles, on peut même avoir le sentiment qu'elles nous font défaut, ou bien qu'elles n'ont aucun effet sur la situation. Le travail de définition du problème, celui de précision de l'objectif et d'exploration des moyens conduisent tout naturellement à s'intéresser aux ressources existantes. Pour qu'elles soient à nouveau disponibles, il leur faut une puissante force motrice que le coach va travailler à rendre présente et efficace.

Les questions du coach doivent apporter des informations utiles, tracer des chemins de réflexion, et construire les représentations mentales de l'objectif. Les moyens à mettre en œuvre impliquent la présence de ressources psychologiques, comme nous allons le découvrir.

Pour passer des moyens à mettre en œuvre aux ressources, il faut passer par un processus qui réveille l'intelligence et le désir. Quand Alice dit qu'elle veut avoir plus confiance en elle, cela signifie plusieurs choses : elle se montre capable d'analyser sa difficulté, d'en comprendre le sens, et d'évaluer la nature du problème ; son intelligence pilote ce travail de découverte. Quand Alice parvient à visualiser son objectif atteint, cela traduit un mouvement global de sa personne vers un futur positif ; cette fois, son désir prend les commandes.

Les plus puissantes forces motrices pour les prises de décision et la créativité sont sans aucun doute le désir et l'intelligence. Toute personne qui s'engage dans un parcours de coaching peut mobiliser ces forces. Il appartient au coach d'aider à prendre conscience de leur présence puis que cela se traduise en actes.

Témoignage

Je demande à Alice : « quelle est votre principale qualité ? »
« Quand j'ai entendu cette question, se souvient Alice, j'ai eu envie de dire que je n'avais pas de qualité, rien que des défauts ; bizarrement cela m'a presque fait rire. J'ai compris que j'étais encore en train de douter, et que finalement, c'était peut-être une " qualité ", mais pas au sens du contraire d'un défaut, plutôt comme un trait caractéristique. Et plein de " qualités " me sont venues à l'esprit : " méticuleuse, pointilleuse, soucieuse du moindre détail, capable de m'investir à fond dans une tâche". »

Exercice 2
Faire le point sur les qualités et les ressources

Toutes les qualités peuvent être des ressources ou des obstacles. Par exemple, si vous êtes « méticuleux » cela vous est précieux pour certaines tâches, mais si cette qualité prend trop de place dans votre « théâtre mental », elle va entrer en conflit avec d'autres et au final vous empêcher d'avancer...
Faites une liste de vos qualités et choisissez-en une qui vous paraît vraiment utile et importante.
Souvenez-vous de plusieurs situations où vous avez fait preuve de cette qualité.
Parmi ces situations, choisissez-en une qui représente « juste ce qu'il faut » de cette qualité.
Répétez ces étapes avec une autre qualité.
Imaginez une situation future dans laquelle vous ferez usage de ces deux qualités, et vérifiez qu'elles se complètent harmonieusement.

Il existe de nombreuses façons d'identifier et de mobiliser intelligence et désir, on peut partir des qualités comme dans l'exemple ci-dessus, on peut aussi examiner une situation caractéristique de succès ou d'échec et chercher la force motrice de la situation.

Chapitre 2

Les axes de lecture

Et si le problème était une solution ?

Une approche globale et dynamique

Tout ce que nous vivons a un sens qui souvent échappe à notre lecture. Vivre une difficulté nous renvoie à une faille ou à un manque et installe un douloureux sentiment d'impuissance. Nous offrons alors cette souffrance en sacrifice afin de nous délivrer comme par magie, de la difficulté. Cette offrande ne s'appuie pas sur une volonté délibérée, mais plutôt sur des déterminismes culturels glorifiant la souffrance et diabolisant le plaisir. Je ne crois pas que les gens choisissent de souffrir plutôt que d'être heureux, mais plutôt qu'ils préfèrent souffrir faute d'avoir conscience qu'une autre solution est possible, tout en espérant obtenir de substantiels bénéfices.

La plupart des problèmes s'expliquent dans un contexte logique qu'il s'agit de découvrir. Au chapitre précédent, nous avons observé la « logique de l'imposture » qui maintenait Alice prisonnière de son stress. Le sentiment d'avoir usurpé la place qu'on occupe, de ne pas la mériter, rend lisible le malaise ressenti.

Nous entendons souvent des évaluations telles que : « c'est incompréhensible, il a tout pour être heureux... Pourquoi a-t-il tout le temps des problèmes ? ». Quand nous commentons l'expérience d'un autre, nous avons tendance à utiliser notre propre grille de lecture. Si le problème échappe à nos critères, nous en concluons qu'il n'est pas justifié. Quand nous avons l'impression de ne pas être écouté, ou bien mal compris, cela revient à dénier toute légitimité à notre difficulté. Que l'on soit du côté de l'incompris ou de celui qui ne comprend pas, l'effet est désastreux.

L'attitude la plus positive pour celui qui prodigue son aide comme pour celui qui la reçoit, consiste à accueillir sans juger, avec la conviction que tout a un sens et qu'il nous appartient de le comprendre. Trouver des raisons pour expliquer le problème présente un intérêt intellectuel ; comprendre comment il s'organise, fonctionne et se maintient ouvre des pistes pour en sortir.

Témoignage

Odile traverse régulièrement des périodes qu'elle qualifie de « boulimiques », je lui demande ce qui se passe en elle alors, Odile réfléchit puis répond : « Je mange sans arrêt, même des choses que je n'aime pas, l'important c'est de manger. Il m'arrive même de me lever la nuit pour manger. Je ne mange pas, en fait, je me remplis. Je me bâillonne, je me réduis au silence, je me tais. On ne parle pas la bouche pleine… »

L'exemple d'Odile est caractéristique d'un problème qui a la fonction d'une solution. Odile voudrait dire ce qu'elle pense et ressent, mais elle se censure et imagine un moyen efficace.

5 - Les questions à se poser

À quoi sert le problème ?

À qui sert-il ?

Comment fonctionne le problème ?

Le sens propre et le figuré

Utiliser plusieurs niveaux de lecture améliore notre compréhension du problème. Il ne faut donc pas hésiter à les déployer dans différentes directions en gardant présent à l'esprit qu'ils contiennent la solution dans leur énoncé.

Témoignage

Karim fume et voudrait se libérer de cette habitude, mais il ne parvient pas à tenir bon plus de quelques jours. Il se sent coupable car il connaît les risques qu'il court et ceux qui menacent son entourage. Jusqu'à présent, aucune des solutions classiques n'a donné de résultat.
Je lui demande à quoi cela lui sert de fumer. Karim me répond : « Je fume quand je me sens dans une impasse, le dos au mur. Quand je prends une cigarette ça me met à l'abri, ça m'ouvre une sorte de parenthèse où je prends le temps de souffler. » Il conclut : « Je fume quand j'ai besoin de souffler… »

Dans cet exemple, le fait de fumer répond à une demande « avoir besoin de souffler ». Cette attente formulée au sens figuré, reçoit une réponse au sens « propre ». Fumer une cigarette a pour effet de souffler, mais cette « solution » constitue le problème.

Comprendre le problème sous cet angle ne suffit pas à le résoudre mais ouvre des voies vers d'autres moyens d'atteindre l'objectif. Existe-t-il un meilleur choix que de fumer une cigarette quand on a besoin de souffler ? Si nous arrivons à trouver une alternative suffisamment efficace, le comportement qui pose problème ne pourra plus se maintenir.

Pour comprendre le problème comme une solution, il faut savoir qu'à tout moment de notre expérience, nous faisons le meilleur choix en regard de critères, de croyances, d'enjeux qui échappent à notre analyse. S'interroger sur le rôle et l'utilité du problème s'avère riche de sens.

6 - Les questions à se poser

Ce problème est-il utile ?

Quel rôle joue ce problème ?

Ce problème vient-il pallier un manque, un besoin ?

Lire le problème par rapport à soi et aux autres

Nous ne sommes jamais seuls dans une problématique, elle se déroule sous le regard des autres, se déploie dans un tissu relationnel, déclenche des comportements, des émotions, des interprétations... Nous avons souvent le sentiment que notre bonheur dépend des autres, que s'ils changeaient, tout irait mieux. En analysant les choses ainsi, on se situe dans une position de passivité et de refus de responsabilité, ce qui compromet la mise en œuvre d'un changement.

Le problème vu par l'intéressé

Témoignage

Odile qui se bâillonne toute seule en mangeant à l'excès explique ce comportement par la « faute » de sa mère. « Ma mère était très méchante avec moi, j'ai toujours su qu'elle préférait ma grande sœur qui était jolie, polie, conforme à ses attentes. Moi, j'étais différente, dès qu'elle voulait m'imposer quelque chose, je sentais de la haine, une colère effrayante monter en moi. je me révoltais contre son autorité, mais en même temps, je m'interdisais d'exprimer ce que je ressentais. Malgré tout, c'était ma mère, je voulais qu'elle m'aime. Si elle avait juste montré un peu d'affection pour moi, tout aurait été différent. Je n'aurais pas eu besoin d'étouffer ma révolte, de me contraindre au silence, ni de faire n'importe quoi pour attirer son attention. »

Le problème réapparaît de temps à autre, bien qu'Odile ait depuis longtemps quitté sa famille. Odile continue d'attribuer l'apparition de sa difficulté à la « faute » de sa mère, elle demeure centrée sur sa propre expérience dans laquelle non seulement elle se bâillonne, mais se ligote car, privée d'une perspective élargie, elle reste prisonnière et s'interdit tout évolution.

Quand on cherche à comprendre ses difficultés, il est utile d'explorer d'abord sa propre expérience comme nous l'avons montré au chapitre précédent : émotions, sensations, comportements, images mentales associées, dialogue intérieur. Cette compréhension se fonde sur des faits vécus, à ce stade, on ne cherche pas à interpréter mais seulement à saisir les éléments qui composent la difficulté.

Quand d'autres personnes sont impliquées, nous allons aussi chercher à comprendre les faits. Dans le cas d'Odile, quand elle reçoit un ordre qu'elle juge injustifié, elle éprouve de la « haine » et une « colère effrayante » monte en elle. Odile a peur de ce qu'elle ressent, de la violence de ses émotions qui sont tout aussi inacceptables que les ordres qui la révoltent. Elle se trouve alors dans une situation « impossible » que son problème résout dans l'urgence, lui permettant de garder sa haine secrète, en se contraignant au silence et à l'immobilité. Cette lecture fait apparaître la subtilité de la réponse qu'apporte le problème.

Ayant échappé à l'autorité de sa mère, Odile transporte son comportement dans toute situation où elle reçoit un ordre ou doit se soumettre à une autorité. Dans la suite de son parcours, Odile va travailler sur cette colère afin d'en découvrir le véritable objet, le sens qu'elle porte, son utilité, et surtout ce qui la rend si redoutable qu'il faille la masquer malgré le coût de la manœuvre.

Odile va cependant demeurer prisonnière de sa difficulté tant que sa démarche d'introspection n'aura pas intégré les éléments nécessaires à construire une vue d'ensemble du problème : comment il s'exprime et comment les autres le perçoivent.

Pour intégrer d'autres points de vue à l'exploration de la difficulté on peut se poser la question de savoir ce qu'on cherche à dire aux autres à travers son expression. La communication sert de guide pour conduire cette interrogation.

---

7 - Les questions à se poser

Quand ce problème se manifeste, de quel message est-il porteur ?

Que veux-je dire aux autres à travers cette difficulté ?

Quelles réponses j'attends des autres quand j'éprouve ce problème ?

Ces questions concernent cette fois le message transmis par le problème, pour soi-même et pour les autres. Elles permettent de dégager une problématique de communication sur plusieurs plans. D'abord nous postulons qu'il existe une communication en soi qui a pour but d'identifier et de reconnaître tous les aspects de notre personnalité. Odile n'accepte pas certains aspects d'elle-même, c'est en trouvant le moyen de les contraindre au silence qu'elle construit le comportement posant problème aujourd'hui. Il importe donc que je l'aide à comprendre ces mécanismes et à élargir sa perspective.

La difficulté dans son contexte relationnel

Après avoir examiné le problème dans la perspective du « je », nous allons le mettre en perspective vis-à-vis des autres personnes : « tu », « il » ou « elle », « nous », « vous », « ils » ou « elles ». L'exercice utilise différentes postures afin d'aboutir à une synthèse qui pourra être formulée par un « témoin » de la problématique. On pourrait considérer cette approche comme la base même du travail de coaching, elle développe considérablement l'autonomie en démultipliant les angles de vue sur les problèmes.

■ La posture « tu »

Témoignage

« Odile, vous m'avez dit que vous ne supportiez pas qu'on vous donne des ordres. Souvenez-vous d'un épisode récent au cours duquel quelqu'un vous a donné un ordre qui a déclenché votre colère et le besoin impératif de la faire taire. Comment les choses se sont-elles passées ? »

« C'était il y a une semaine environ, à mon travail, mon chef est entré brutalement dans le bureau, c'est à peine si je l'ai entendu frapper à la porte, en tout cas je n'ai même pas eu le temps de dire "entrez !". Il était furieux, mais ça n'avait rien à voir avec le travail, j'avais l'impression qu'il venait se "défouler", je me suis raidie, je suis devenue parfaitement immobile et je l'ai regardé sans sourciller. Dans ma tête j'imaginais qu'il criait, qu'il me faisait des reproches : "Vous êtes nulle, je me demande bien ce que vous faites ici, si ça ne tenait qu'à moi, il y a longtemps que je vous aurais virée..." Bien entendu, il n'a pas dit ça, mais moi, je me sentais agressée, il m'a demandé un dossier, s'est excusé d'être aussi pressé et il est sorti comme il était entré, à toute allure. Je crois bien que j'ai avalé toute une tablette de chocolat... »

Dans cet épisode, Odile reconnaît qu'elle a imaginé les paroles de son chef, en revanche, elle s'est conduite « comme si » il les avait prononcées. Le fait d'avoir déplacé son attention vers l'autre a en réalité mis Odile en présence de son propre dialogue intérieur. Elle est capable de faire la distinction entre ce qu'elle projette sur l'autre et ce qui se passe réellement.

Quand je demande à Odile d'imaginer qu'elle est à la place de son chef, elle reste un peu surprise par ce qu'elle découvre : « Il ne me voit pas, il est surtout préoccupé de lui-même, il n'a rien à me reprocher... Cela me fait un drôle d'effet, mon « château du méchant » n'est qu'un décor de carton.

La posture « il » ou « elle »

Cette fois, nous allons imaginer qu'une troisième personne assiste à la scène, nous ne savons pas si elle y joue un rôle ou si elle ne fait que passer. Il s'agit seulement d'imaginer ce qu'elle perçoit de la situation.

Témoignage

Je propose à Odile de se mettre à la place d'une tierce personne : « Si quelqu'un passait dans le couloir à ce moment, que verrait-il ? Comment comprendrait-il la situation ? »
« Nous sommes deux dans le bureau, ma collègue n'a pas levé les yeux, ça me fait penser à ma grande sœur, elle est hypocrite, elle m'accuse de ses propres bêtises. Je me fais punir à sa place... Bon, si je me mets à la place de ma collègue, je ne vois rien d'inhabituel, le chef est toujours plus ou moins en train de courir, il veut donner l'impression qu'il est important et très occupé, il cherche à se faire valoir. »

La posture « il » ou « elle » offre la possibilité d'envisager la situation avec un point de vue plus observateur, la tierce personne assiste à l'interaction qui va déclencher l'apparition du problème. En se mettant à la place de sa collègue, Odile découvre que son chef joue un rôle, qu'il cherche à impressionner ses collaboratrices, finalement, elle perçoit sa vulnérabilité alors qu'auparavant, elle le considérait comme un super héros revêtu d'une carapace inoxydable.

■ La posture « nous »

Cette fois, nous quittons les angles de vue individuels pour les collectifs. La posture « nous » traduit l'expérience du sujet associé aux autres protagonistes impliqués dans la problématique.

Témoignage

Je suggère à Odile de faire comme si elle expliquait sa difficulté en donnant la première place aux effets de celle-ci sur le groupe.
Odile réfléchit longtemps puis explique : « Je n'y arrive pas, je suis incapable de me situer dans le groupe, de m'exprimer au " collectif pluriel "... Je n'ai jamais envisagé mes problèmes dans ce cadre. »
Elle reprend : « Au bureau c'est plus facile, j'imagine que je parle au nom de ma collègue, nous sommes à la pause et je me vois en train de dire quelque chose comme " ça ne peut plus durer, nous ne savons pas comment nous protéger du chef, il entre sans frapper, il nous harcèle sans arrêt, nous interrompt dans notre travail, c'est insupportable". »

L'insuccès relatif de la posture « nous » apporte d'autres informations utiles. Odile comprend qu'elle s'est toujours située en marge des groupes d'appartenance ; dans sa famille, elle avait le sentiment d'être trop différente pour appartenir au groupe, dans son travail aujourd'hui, elle reproduit sensiblement le même schéma. Le « nous » n'est utilisé que s'il ne comprend que deux personnes.

La posture « vous »

Cette fois, on cherche à mettre en scène ce que chaque protagoniste pourrait vouloir dire aux autres, aussi bien pour commenter, interpeller, évaluer leurs rôles, c'est une posture d'une extrême subjectivité qui a pour intérêt majeur d'améliorer la souplesse de l'imagination et de faire une nette distinction entre ce qu'on imagine et ce qui se passe vraiment.

Témoignage

Je propose à Odile de se mettre à la place de sa collègue et de donner son avis sur la situation quand le chef entre dans le bureau.
Odile sourit à cette idée et répond du tac au tac : « Vous m'agacez avec vos histoires, vous passez votre temps à extrapoler, vous me faites perdre mon temps, laissez-moi travailler tranquillement… C'est tout ce que je demande. »

Dans cette posture, Odile transporte les reproches qu'elle s'adresse et les fait partager à un tiers, elle reste en quelque sorte victime et associe sa collègue à ce triste sort. En travaillant de la sorte Odile s'aperçoit qu'elle se place toujours dans le rôle du souffre-douleur, même si c'est injustifié compte tenu des faits...

La posture du témoin « ils » ou « elles »

Après avoir parcouru les différentes postures, nous allons faire la synthèse de toutes les informations recueillies, en imaginant cette fois un témoin objectif de la problématique. Un témoin n'est cependant jamais tout à fait objectif et s'il est présent dans une scène, il en influence le déroulement. Ici, dans le processus de développement personnel, le témoin sert à exposer des faits et non à les évaluer.

Témoignage

« Odile, imaginez que vous êtes à la place d'une caméra de vidéo-surveillance, de la place privilégiée qu'elle occupe, elle a accès à une vue très complète de la situation, que voit-elle ? »
« Elle voit tout ! Je n'aime pas trop cette posture… J'ai caché des vivres dans mon sac sous mon bureau. En cas de soucis, j'ai de quoi faire face ! Est-ce que la caméra a vu ça ? Va-t-elle me trahir ? Si je regarde l'enregistrement, je ne vois rien de bizarre. Deux personnes travaillent dans la même pièce, elles ont des écrans d'ordinateur sur leur bureau, un homme entre rapidement dans la pièce, il s'adresse à l'une d'elles qui se lève pour chercher un dossier et le lui remet. L'homme dit quelques mots et sort de la pièce. En effet, il n'y a pas de quoi en faire un plat, ni d'avaler à la hâte une tablette de chocolat alors que j'aurais pu en savourer quelques carrés avec un bon café… La caméra ne voit pas ce qui se passe dans ma tête. »

La posture de témoin privilégie les faits et contribue à en donner une version un peu plate et souvent fort éloignée de la construction imaginaire qui a conduit à construire le problème. Dans le processus de coaching, la personne pratique ces différentes postures de perception et s'approprie la stratégie qu'elle pourra utiliser dans de nombreuses circonstances : négocier, gérer un conflit, qu'il soit interne ou qu'il implique d'autres personnes.

En effet, il est possible d'utiliser les postures de perception dans de nombreuses perspectives :

- Pour restaurer l'équilibre en soi et permettre à toutes les facettes de sa personnalité de s'épanouir au lieu de se combattre, les différentes postures de perception peuvent se travailler par l'imagerie mentale et le dialogue intérieur, au cours d'entretiens avec le coach ou de jeux de rôles avec des partenaires.
- Pour résoudre des conflits, permettre aux personnes impliquées d'examiner le problème en partant de la posture des autres en tant qu'individus ou de la collectivité dont ils font partie.
- Pour prendre du recul et faire la synthèse d'une problématique.

Les axes du temps et de l'espace

Le temps et l'espace donnent corps aux problèmes, ils leur permettent d'exister grâce à des liens de causalité et de se déployer dans le passé, le présent ou le futur, aussi bien que sur un territoire particulier. Certaines difficultés seront caractérisées par leur orientation dans le temps et l'espace.

Les axes de temps

Existe-t-il des liens de cause à effet entre le passé et le présent, le présent et le futur ? Le problème que l'on veut résoudre répond-il à une nécessité fortement ancrée dans le présent ? Le problème se répète-t-il régulièrement ? A-t-il une durée spécifique ou bien demeure-t-il en veille ? L'axe du temps suscite de nombreuses questions dont les réponses fournissent de précieuses informations.

■ Liens de causalité entre le passé, le présent et le futur

La principale relation de causalité consiste à croire que l'influence du passé prédomine dans le présent, ce qui facilite l'installation durable des problèmes, et déresponsabilise la personne qui les vit. De façon très caractéristique, on observe que le problème est décrit comme une sorte de malédiction à laquelle il est impossible d'échapper, si l'on y arrivait malgré tout, ce serait presque plus dangereux encore que de vivre avec le problème...

Témoignage

Karim fume et il a dit que cela lui permettait de « souffler », il voudrait se libérer de cette habitude, mais il n'a jamais encore trouvé la motivation nécessaire. Il explique : « Mon père fumait et cela nous faisait fuir, ma mère détestait l'odeur et la fumée, ma sœur et moi, ça nous faisait tousser... Bref, quand mon père allumait sa cigarette, ça nous faisait fuir. J'ai compris que ça le mettait à l'abri quand il se disputait avec ma mère, il avait horreur des conflits, et quand il ne pouvait pas sortir prendre l'air et s'éloigner, il allumait une cigarette. Je m'aperçois qu'aujourd'hui je fais exactement comme mon père, d'ailleurs ce n'est pas étonnant, j'ai lu quelque part que les gens dont les parents fument, sont presque tous fumeurs. »

Karim trouve la justification de son problème en invoquant le passé, ce qui le dégage d'une certaine partie de sa culpabilité, il considère que fumer est un choix dont il n'est que partiellement responsable puisqu'il ne fait que reproduire le modèle de son père. Fumer une cigarette crée une sorte de bulle dans le temps et l'espace où il se réfugie comme il l'a appris de son père.

En mettant l'accent sur l'influence du passé sur le présent, on allège donc la responsabilité, mais on la renforce en mettant l'accent sur celle du présent sur le futur. En effet, la relation de causalité entre le présent et le futur fait clairement apparaître les conséquences des choix.

Au cours du processus de coaching, nous pourrons construire mentalement l'image d'un futur satisfaisant, parallèlement à celle d'un futur possible mais négatif. Dans la mesure où il est possible de s'investir dans un futur réaliste et positif, il devient possible de changer le comportement qui pose problème. Si au contraire, la construction mentale d'un futur positif n'aboutit pas, cela indique qu'il faut utiliser un autre angle de lecture pour comprendre les enjeux réels de la problématique.

■ Le problème et l'urgence du présent

Quand une perception de l'urgence du présent sert de cadre à l'apparition du problème, une situation vécue comme stressante, menaçante, ou une simple tension suffit à déclencher le besoin impérieux d'y répondre. C'est ainsi qu'Odile se retrouve en train d'avaler de la nourriture et Karim d'allumer une cigarette. Dans ce dernier cas, l'addiction accentue le problème, le besoin de fumer se ranime sans cesse, si bien que la solution recherchée perd sa raison d'être et que le problème s'installe durablement dans la logique du « présent ».

L'urgence du présent exige de trouver une réponse immédiate ou de pallier une sensation de manque, malheureusement la solution ne traite que l'instant présent et ne s'intéresse pas aux conséquences de cette décision. Le « meilleur » choix se révèle souvent calamiteux à moyen et long terme, et une fois la tension apaisée s'installe un sentiment de culpabilité dû au décalage entre ce qui vient d'être accompli et la solution idéalement intelligente qu'on a été dans l'incapacité de mettre en œuvre dans l'urgence.

---

8 - Les questions à se poser

Suis-je en train d'imiter un modèle de mon passé ? Un parent ou un adulte de référence avait-il le problème que j'affronte aujourd'hui ?

Qu'est-ce qui m'apparaît le plus important entre l'influence du passé et ma capacité à construire mon futur ?

Mon problème répond-il à une situation d'urgence dans le présent ?

Mon problème néglige-t-il les conséquences sur le futur ?

Les axes de lieu

Le lieu joue un rôle important dans la construction et l'organisation des problématiques. Une difficulté peut être en rapport avec un territoire qui lui permet de s'exprimer, ou bien l'inhibe, de même qu'on peut la lire au second degré en utilisant l'idée de lieu comme une métaphore. Quel est le territoire de ce problème ? Jusqu'où envahit-il la vie, y a-t-il des contextes de la vie qui restent indemnes ?

Témoignage

Karim cherche des moments dans sa vie où il ne ressent absolument pas le besoin de fumer : « En effet, il y a une situation où je ne peux pas fumer, quand je suis invité chez des gens qui ne fument pas, même si je dois y passer la soirée. Si, par habitude je cherche une cigarette, j'imagine la façon dont ils me regarderaient si je l'allumais, ça me fait trop honte… C'est un espace où l'interdiction est trop forte, je ne peux pas transgresser. » Il ajoute, pensif : « J'aimerais que ce soit pareil chez moi, parfois j'ai un peu cette sensation, mais pas assez pour m'empêcher de fumer. Quand ma fille me regarde, il y a tellement de reproches dans ses yeux, je me sens coupable, et lamentable… »

Cette précision va bientôt donner à Karim la ressource qui lui manquait pour réaliser son projet de libération. En effet, il découvre qu'au fond, il n'a aucune envie de se mettre entre parenthèses dans son nuage de fumée, que cela le prive de la présence de sa fille. Il pressent que s'il continue à fumer, il va se mettre durablement en décalage par rapport à l'idée qu'il se fait de lui, et qu'à terme il perdra en grande partie l'estime de sa femme.

Si on utilise l'axe de lieu cette fois au sens figuré, on observe que le problème de Karim n'a pas contaminé la totalité de sa vie, il demeure encore des parcelles indemnes et porteuses de ressources. Bien qu'il ait le sentiment de subir son problème, l'image qu'il veut transmettre aux autres privilégie l'amour pour sa famille, la puissance de sa motivation, et la détermination à atteindre les buts qu'il se donne. Ces valeurs fortes s'opposent à la passivité face au problème, et ouvrent la voie vers un « meilleur » choix totalement en accord avec celles-ci.

---

9 - Les questions à se poser

Existe-t-il des lieux où le problème ne peut pas apparaître ?

D'autres où il se produit fréquemment, peut-être même en permanence ?

Quel est le « territoire » occupé par le problème ?

Jusqu'où influence-t-il les autres contextes, les décisions, les opinions… ?

Chapitre 3

Installer des processus de découverte

La résolution des difficultés se heurte à un obstacle majeur : le doute. Quand un problème nous tourmente, les moyens d'en venir à bout semblent hors d'atteinte et le doute s'installe. Le parcours de coaching a pour but de mobiliser les ressources de curiosité, de découverte, de créativité qui vont aider à surmonter la difficulté et à renforcer l'autonomie.

Se poser les bonnes questions

En examinant la difficulté sous plusieurs angles nous avons recueilli des informations utiles à notre compréhension, et commencé à mettre en œuvre un apprentissage essentiel : prendre du recul. Les questions du coach ont initié un processus de mise à distance du problème. La difficulté n'est pas encore résolue, mais peut désormais être questionnée et comprise, elle s'est changée en un « objet » d'interrogation et de réflexion ; les conditions sont réunies pour installer les processus de découverte qui conduiront à des solutions personnalisées.

Utiliser le doute

Comme tout autre expérience subjective, nous allons examiner le doute sous différents aspects en commençant par les plus positifs. Grâce au doute, nous pouvons remettre en question un comportement, une habitude qui ne donne pas les résultats souhaités. Face à un échec, un doute surgit et nous remettons en question ce que nous avons fait ou ce que nous avons négligé de faire, dire, penser, prévoir... On peut affirmer en ce sens que le doute précède la remise en question et stimule la créativité. Quand nous sommes prisonniers du problème et que nous ne voyons pas d'issue, le doute peut nous conduire à demander une aide extérieure.

Pourtant, la plupart préfèrent répéter la même stratégie peu efficace plutôt que d'essayer autre chose, le doute occupe un vaste territoire et contraint alors à subir les difficultés.

Témoignage

Giancarlo veut écrire un livre, mais n'arrive pas à réaliser son projet, il ne manque pourtant ni de talent, ni de temps. Les doutes l'assaillent et font obstacle à ses désirs. Il explique : « Cela fait longtemps que je pense à faire ce livre, il serait destiné à ma famille et aux gens qui me connaissent ; je n'ai pas le souci de plaire à un éditeur. Mon père et mon grand père ont été impliqués dans la vie politique locale, ils ont l'un et l'autre tenu des journaux intimes, j'ai une quantité incroyable de documents, des photos, des articles. Mais quand je voudrais me mettre à l'œuvre, je doute, je me demande si c'est vraiment une bonne idée, ne vaudrait-il pas mieux laisser leur mémoire en paix, ne vais-je pas transmettre une fausse image. Bon, je finis par ranger les dossiers et je sors faire un tour avec mon chien… Je me sens nul. »

Giancarlo est pris au piège car son doute ne produit que les moyens nécessaires à se maintenir au premier plan de son théâtre mental. À la question « à quoi vous sert ce doute ? », il répond qu'il va accumuler des documents, approfondir ses recherches, mais, plus il travaille en ce sens et plus il doute car il ne s'estime jamais assez « prêt » pour se lancer dans son projet. Le doute de Giancarlo lui sert à se maintenir dans une posture velléitaire : il peut continuer à donner l'impression qu'il fait tout pour réaliser son projet, mais que la difficulté est telle qu'il n'osera jamais l'affronter…

Le territoire et le seuil

À chaque étape d'un parcours de développement personnel ou de coaching, nous devons valider ce qui est accompli et évaluer la faisabilité de ce qui va suivre. Quand le doute est au rendez-vous, plusieurs utilisations s'offrent à nous.

■ Explorer le territoire du doute

Certaines situations bénéficient du doute, d'autres gagneraient à s'en passer. La question « ici et maintenant, qu'est-ce qui compte vraiment ? » va servir de test pour valider le projet. Quand le doute prédomine, l'objectif qu'on dit vouloir atteindre n'est probablement pas compatible avec l'ensemble du projet de vie, mieux vaut alors investir autrement son énergie pour atteindre des buts réalisables.

■ Enseigner une stratégie pour tirer parti du doute

Plusieurs choix sont possibles, comme décider d'un seuil à ne pas dépasser pour le doute, ou encore de le questionner et d'en tirer les éléments positifs.

Exercice 3
Identifier les valeurs fondatrices

Le doute et la confiance se comparent à deux pôles d'un même élément, en l'occurrence la motivation. Quand le doute l'emporte sur la confiance, cela ralentit la progression vers le but ou même empêche d'avancer ; quand la confiance l'emporte, l'impulsion nécessaire est donnée. Première étape : pensez à un projet que vous avez accompli, quand vous avez pris votre décision, vous aviez atteint l'équilibre entre doute et confiance. Souvenez-vous de ce que vous avez éprouvé et attribuez un « code » à cet état ; ce code peut être une image associée, un mot, une musique...

Deuxième étape : imaginez à présent que vous allez mettre en œuvre un projet qui vous tient à cœur. Si vous hésitez encore un peu avant de vous lancer dans ce projet, pensez à votre « code » pour l'équilibre entre la confiance et le doute.

Troisième étape : pour renforcer l'équilibre entre doute et confiance, répétez deux ou trois fois la deuxième étape.

Comprendre les enjeux du problème

La plupart des problèmes recèlent des avantages secrets, des bénéfices secondaires dont la présence interdit d'aller vers une solution. Venir à bout du problème remettrait trop de choses en question dans le schéma existentiel, ce serait presque plus dangereux ou inconfortable que de continuer à le subir. Les enjeux d'une situation renvoient donc à ce qu'il y a de plus solidement ancré en chacun : la représentation de soi.

Karim parvient à trouver la motivation nécessaire à se libérer du tabac car il ne supporte plus de perdre la face et l'estime de soi, son identité « fumeur » doit céder la place à son identité « homme libre et fier ».

Odile parvient à vaincre son problème de « dévoration bâillonnement » en donnant la parole à cette facette fragile et rebelle de sa personnalité: elle accepte d'éprouver simultanément des sentiments de haine et d'amour à l'égard de sa mère, il devient inutile de se contraindre au silence et à l'immobilité...

Aucun problème ne trouve de solution dans l'irrespect de ses enjeux.

Enjeux de la résolution

Le fil conducteur de cette exploration pourrait se résumer à la question : « quels sont les avantages de la résolution du problème ? ». Comme toutes les interrogations utilisées ici, elle sert à fournir des informations et à valider la quête. Il arrive en effet que cette question n'aboutisse à aucune réponse, la personne se trouve incapable d'imaginer son problème résolu.

Pour s'engager dans une stratégie de résolution du problème, il faut que l'attrait des enjeux soit plus fort que la crainte de conséquences négatives.

Témoignage

« Giancarlo, qu'avez-vous à gagner en réalisant votre projet ? »
« Déjà, cela fait très longtemps que j'y pense, et plus le temps passe et plus je ressens une urgence. Quand j'y réfléchis, je me sens comme obligé d'y arriver, ça fait partie de moi. Si je ne le faisais pas, j'aurais honte, je ne me reconnaîtrais plus, je n'aime mieux pas envisager ça. Vous comprenez, je ne m'engage pas à la légère, et je fais ce que je dis. Sur ce projet, j'en ai déjà parlé autour de moi. Je ne peux pas me permettre d'y renoncer. »

Le témoignage de Giancarlo fait clairement apparaître l'enjeu de ce projet : c'est la représentation de soi qui est ici directement impliquée, autrement dit, il y va de son identité. Giancarlo s'est engagé moralement dans la réalisation de son projet, et s'il n'y arrive pas, il ne pourra plus se considérer comme « quelqu'un qui fait ce qu'il dit », tient ses promesses, ne se vante pas, travaille avec.

L'image de soi, par rapport à soi-même

L'enjeu concerne donc sa propre image de soi, et nous comprenons bien qu'il n'est pas utile d'argumenter sur les « bonnes raisons » car le déclic ne se produira pas dans ce contexte.

La stratégie du coach aura pour but de renforcer la confiance en soi, et d'assouplir la tyrannie de l'image de soi. Placer la barre trop haut maintient dans une situation d'échec, et à terme inhibe tout désir d'accomplissement, tandis qu'évaluer la bonne hauteur stimule la motivation.

Cette exploration peut être révélatrice d'une image de soi décalée par rapport à la réalité comme de la coexistence de plusieurs facettes contradictoires. C'est notamment le cas dans certaines stratégies d'échec, d'un côté tout est mis en œuvre pour donner l'impression d'un réel effort, de l'autre tout s'organise pour interdire d'atteindre les buts.

10 - Les questions à se poser

Qui est-ce que je cherche à leurrer ?

Est-ce que je me mens à moi-même?

Qui est-ce que je cherche à convaincre ?

Qui gagne quoi dans cette stratégie ?

En continuant d'éviter de voir les choses en face qu'est-ce que je gagne ?

Qu'arriverait-il si je cessais de me mentir ?

Comment fais-je pour assumer cette contradiction ?

Quel est le coût psychologique de ces contradictions ?

L'image de soi qu'on veut afficher pour les autres

Le climat relationnel affecte tous les aspects de notre existence ; les autres nous renvoient une image que nous souhaitons conforme à nos souhaits : désir de plaire, d'être aimé, de convaincre... Parfois, nous jouons des rôles qui ne correspondent pas à ce que nous sommes ; ceux-ci nous enferment alors dans des comportements qui deviennent des modèles contraignants et auxquels nous ne pouvons plus échapper. Le souci de donner une image de soi conforme aux attentes des autres devient alors une préoccupation centrale. Nos désirs réels passent au second plan pour laisser place au modèle. Les problèmes ne tardent pas à apparaître, en effet, il arrive que nous choisissions de jouer un rôle non pas en fonction d'attentes réelles, mais de l'idée qu'on se fait des attentes de l'autre.

Ce type de problème s'exprime notamment dans les représentations des rôles sociaux. D'une part, nous utilisons une représentation de notre rôle selon la situation, d'autre part, nos attentes vis-à-vis des autres les placent dans un cadre précis. Si on considère par exemple trois contextes relationnels comme la famille, le travail, les loisirs, on constate facilement que nous n'avons pas les mêmes comportements. On ne s'adresse pas à son chef comme à ses enfants, ni à ses amis ou aux gens qu'on fréquente pendant ses loisirs. De la même façon, on a tendance à rejeter les comportements des autres lorsqu'ils sortent du cadre, c'est-à-dire de notre représentation. Si le supérieur hiérarchique s'adresse à vous d'une façon trop familière ou qu'un de vos amis devient subitement froid et indifférent, le sentiment de décalage surgit immédiatement.

Nous imaginons aussi que les autres attendent de nous certains comportements et en excluent d'autres. Nous avons l'impression que si nous ne répondons pas à ces attentes, nous allons perdre la face ou être déconsidérés. Cette croyance et les représentations qui l'accompagnent créent un cadre de contraintes et influencent nos choix.

Pour sortir de cette impasse, il est nécessaire de trouver un bon équilibre entre la représentation de soi et celle qu'on veut transmettre. Certaines croyances n'ont pas de raison d'être, sans doute sont-elles devenues obsolètes, ou inadaptées à un nouveau contexte.

Témoignage

Matteo, 16 ans, est en vacances, mais refuse obstinément de sortir de la maison quand sa mère veut l'envoyer faire une course. Elle dit, un peu excédée, mais avec le sourire : « Je ne comprends pas pourquoi tu ne veux pas aller faire cette course, d'habitude tu as toujours une bonne raison de sortir ! » Matteo lui lance un regard noir, il finit par lâcher : « Tu ne peux pas me demander ça ! Si on me voyait avec ce bouquet de fleurs à la main, j'aurais trop la honte… »

La mère de Matteo comprend alors que la tyrannie des copains joue à plein régime. Matteo manque à ce point de confiance en soi qu'il est prêt à se soumettre à une foule de contraintes pour ressembler à une certaine image de soi, valorisée aux yeux de son groupe. Pour débloquer cette prise de position, il faudrait un argument puissant qui ménage à la fois l'image de soi vis-à-vis de la famille et des autres.

Quand l'image de soi qu'on veut transmettre apparaît comme un handicap, quelques questions se posent qui doivent trouver des réponses.

11 - Les questions à se poser

Quel est le premier rôle dans ma vie ?

Est-ce celui que je joue en famille, au travail, avec mes amis ou relations ?

Qu'est-ce que je veux transmettre à mes proches, mes collègues, mes amis ?

Quelle est la qualité présente dans tous mes rôles ?

Qu'est-ce que je veux à tout prix éviter qu'on pense de moi ?

Qu'est-ce qui pourrait nuire à l'image que je transmets aux autres ?

Les enjeux de la persistance du problème

Quand le problème se maintient en dépit des efforts pour le résoudre, cela indique qu'il y a un enjeu caché autorisant cette persistance. Nous cherchons en vain la bonne recette qui permettra de sortir de la situation, mais cette quête n'aboutit pas, et chaque échec vient renforcer le problème en justifiant de son importance et donc de l'impossibilité d'en venir à bout.

Témoignage

Wendy, 35 ans, se dit très timide, elle se plaint de ne pas arriver à s'exprimer, surtout en situation « périlleuse », en entretien ou en réunion professionnelle. Pourtant, elle a occupé un poste à responsabilités dans une grande entreprise avant de fonder sa propre société qu'elle dirige avec succès. Wendy fait appel à un coach pour l'aider à vaincre sa timidité. Elle, m'explique : « Je n'arrive pas à dire ce que je veux, je suis très en colère parce que j'ai le sentiment que je ne compte pas, je voudrais tellement être à l'aise, prendre la parole sans trembler de peur, j'ai tout essayé, mais rien ne marche. Je me sens toujours aussi timide que le jour où j'ai quitté l'école. »

Je me sens vivement interpellée par ces paroles, comme si je me sentais mise en échec. Le « j'ai tout essayé, mais rien ne marche… » me met particulièrement mal à l'aise, que puis-je faire en effet face à une certitude aussi solide ? Pourtant, je prends un peu de distance vis-à-vis de cette déclaration, et comprends que Wendy a parfaitement su exprimer sa demande, et cela sans que la moindre timidité ne fasse obstacle.

Quand les enjeux de la persistance du problème sont solides, un cadre de contradictions apparaît. La personne se plaint d'une difficulté, elle cherche de l'aide et semble sincèrement s'impliquer dans la quête d'une solution. L'aide recherchée se décline toujours plus ou moins sur un registre qui, en réalité, ne menace pas le problème. La conclusion de la stratégie aboutit régulièrement à l'échec, pourtant prévisible, de la recette et permet à la plainte de se renouveler, et même avec le temps de se renforcer.

Tout se passe comme si la difficulté représentait à elle seule une raison d'être, que serait la personne sans son problème, Wendy, portant les atours d'une « executive woman », affirmée, autoritaire, séductrice, bien dans ses escarpins, dominant son monde d'une poigne de fer?

Les recettes que Wendy a essayées ne s'adressent pas réellement à son problème de timidité parce que, contrairement à ce qu'elle donne à entendre, il ne s'agit pas de son problème réel. Elle dit en effet qu'elle éprouve de la colère parce qu'elle a l'impression de ne pas compter, ou d'être sans importance. Son problème réel, celui qui persiste, consiste en un déséquilibre entre ce qu'elle exprime et l'impact qu'elle voudrait avoir, elle peut donc tranquillement continuer à lutter contre sa « timidité », sa colère et son malaise ne risquent pas de disparaître…

Pour que Wendy puisse venir à bout de ses difficultés, il lui faudra évaluer la place qu'elle donne à cette « timidité », les bénéfices secondaires qu'elle en tire, et à quoi elle lui sert. Elle sera amenée à questionner son problème en suivant quelques pistes.

12 - Les questions à se poser

Qu'est-ce que ma timidité me permet d'éviter ?

Quelle est la place de la timidité dans ma vie ?

Qu'est-ce que je perdrais si je n'étais pas timide ?

Quand je suis en entretien ou en réunion, qu'est-ce qui est le plus important pour moi ?

Quelle image de moi ai-je envie de donner aux autres ?

Si j'éprouve de la colère, contre qui est-elle dirigée ?

Je guide Wendy à travers cette exploration dont le but est de faire apparaître clairement les enjeux de l'abandon ou de persistance du problème.

Évaluer les ressources et les manques

Une évaluation réaliste des ressources et des manques ne saurait être évitée, c'est même le plus souvent au cours de celle-ci que les moyens utiles vont se démarquer, les objections fondées ou non seront explorées par des questions claires.

Le coach a également pour mission d'enseigner comment mettre en œuvre un processus d'évaluation ; par la suite, la personne pourra y arriver sans son aide...

Évaluer les manques

À la question : « qu'est-ce qui, selon vous, vous empêche d'atteindre vos buts ? » il n'est pas rare d'obtenir une première description des manques.

Témoignage

Au cours d'un dîner, des amis de Francesca et de son compagnon Mario les invitent à passer une semaine à bord d'un voilier. Ils expliquent que chaque année, ils louent un bateau et partent naviguer en Méditerranée ; chacun raconte des anecdotes sur leurs précédentes croisières, tout le monde rit beaucoup et rêve encore bien plus. Mario est enthousiaste, il est un navigateur expérimenté et pour lui c'est un véritable bonheur. Francesca, après avoir trouvé la proposition vraiment tentante, éprouve une sorte d'angoisse qui ne fait que croître tandis que l'été approche. Elle me confie : « Plus ça approche et plus je suis terrifiée, d'abord, je ne suis jamais partie en croisière, je ne me rendais pas compte, mais j'ai peur. Mais le pire, c'est que je vais décevoir Mario. Passer pour une mauviette aux yeux de mes amis, je m'en fiche, mais j'ai peur que Mario ne me pardonne jamais d'avoir fait louper ce projet. » Francesca poursuit : « Je me sens nulle, je n'ai jamais navigué, j'ai peur de faire des bêtises, tous ces cordages, ces appareils compliqués. J'ai peur aussi de me retrouver seule face à trois personnes compétentes, je me sentirai isolée, et je n'aurai pas de place où me réfugier si ça tourne mal… »

Francesca est tourmentée parce que, face au projet, elle ne voit que ses manques, ses ressources habituelles ne lui semblent pas utiles pour cette situation. Je lui demande de classer ses manques en commençant par le plus préoccupant. Francesca évoque alors le manque d'expérience, de connaissances à propos des bateaux, et le manque d'intimité qu'elle craint de devoir affronter à bord.

En examinant de plus près chaque manque, il devient possible d'imaginer des solutions. Par exemple, pour le manque d'expérience, je suggère à Francesca de poser des questions à des personnes expérimentées. Comment cela s'est-il passé quand elles ont débuté et qu'est-ce qui les a encouragées à continuer, quels conseils leur semblent utiles pour débuter. Une courte expérience personnelle de navigation, une promenade, une journée, ou mieux un week-end en mer, seraient autant d'expériences susceptibles d'aider Francesca à rassembler de précieuses informations.

Le manque de connaissances peut être une occasion de dialogue avec Mario qui est un marin expérimenté, et pourrait répondre à toutes ses questions...

Francesca a souvent entendu dire qu'un petit voyage en mer avait vite fait de démolir les amitiés, l'espace restreint est propice aux disputes. Le manque d'intimité doit aussi être un sujet à évoquer avec son compagnon, savoir comment il le gère...

L'idée générale c'est d'arriver à un moyen, un plan d'action en partant d'un manque, ce qui nécessairement va donner toute sa raison d'être à ce manque. Certains manques peuvent être des ressources. C'est le cas lorsqu'on arrive sans aucune expérience dans une situation d'apprentissage, il est beaucoup plus facile de donner à un apprenant des réflexes utiles plutôt que de corriger de mauvaises habitudes.

Francesca n'est pas non plus une championne du rangement, mais elle a horreur du désordre, comment va-t-elle résoudre cette contradiction ? Cette petite croisière sera-t-elle une occasion rêvée d'apprendre enfin à ranger ses affaires et cesser de blâmer le désordre des autres ? Je demande à Francesca quelles sont les conséquences négatives de ses manques qui lui font si peur...

« Qu'est-ce que vous redoutez le plus ? » Francesca répond : « Je crains plus que tout de me sentir exclue du groupe. J'ai peur qu'on m'envoie faire la cuisine parce que je ne connais rien aux manœuvres, passer toute la semaine à trimer... Où est le plaisir ? » En fait, Francesca craint d'être « punie » pour son incompétence, cela la ramène à d'autres peurs qu'elle a connues étant écolière.

Le problème de Francesca est très fréquent. Son enthousiasme est lourdement menacé par les « manques ». Pour clarifier la situation, je dois établir une liste des manques et des stratégies à mettre en oeuvre pour les combler.

---

13 - Les questions à se poser

Qu'est-ce qui me manque pour que cette expérience soit une réussite ?

Quel est le plus important de ces manques ?

Qu'est-ce que je crains le plus ?

Quel serait selon moi le meilleur moyen de combler ces manques ?

Les réponses à ces questions permettront de savoir si l'enjeu demeure toujours aussi attrayant. Pour que le projet garde tout son charme, la peur doit s'effacer devant le désir.

Évaluer les ressources

Les manques dont nous sommes conscients reflètent les ressources dont on dispose. Si par exemple, vous estimez que vous manquez d'information sur un sujet, cela signifie que vous considérez comme une ressource le fait d'être bien informé, et que pour y arriver, cela va solliciter vos compétences d'acquisition de connaissances. Si vous jugez que vous manquez d'expérience personnelle, cela signifie que vous y accordez une grande importance, sans doute supérieure à celle d'un savoir théorique. Pour développer cette ressource, vous allez devoir mettre en œuvre votre capacité à entreprendre des choses nouvelles ou inconnues, votre curiosité, votre ingéniosité.

En fait les ressources se trouvent toujours à proximité des manques et les moyens forment un pont entre eux.

Témoignage

Dany a décidé de quitter son compagnon, mais elle ne s'attendait pas à rencontrer autant de difficultés. Ce dernier en effet, n'est pas d'accord, il ne se dit pas insatisfait de la situation et Dany doit donc « porter » ce projet seule. Ses ressources sont mises à rude épreuve : « Je n'imaginais pas à quel point j'allais souffrir de la solitude. Quand les gens ont su que je voulais le quitter, beaucoup m'ont oubliée. Mes propres parents ne m'ont pas soutenue. Et puis, il y a eu des petites choses, des papiers à signer qui restent en attente des semaines, un déménagement pour le moins difficile. Bon c'est fait, je me sens soulagée. Il m'a fallu surtout une volonté très forte, et la force de ne pas voir ce qui pouvait s'opposer à mon projet, il m'a fallu aussi apprendre à ne compter que sur moi. Dans un sens, c'est bien, je sais aujourd'hui qui sont mes véritables amis », conclut Dany avec un petit sourire ironique.

En examinant attentivement les faits, Dany reconnaît qu'elle était arrivée à une sorte de seuil dans sa relation. Elle s'est donc engagée dans un processus de rupture et ne pouvait plus reculer, elle a puisé dans ce cadre de contrainte la clé de sa motivation et les ressources nécessaires à l'accomplissement de son projet.

Dany a pris appui sur plusieurs ressources, elle évoque d'abord la volonté et sa capacité à n'accorder aucune importance à des éléments négatifs. Plusieurs personnes de son entourage lui conseillaient de ne pas aller à la rupture, qu'elle pouvait peut-être mettre ses frustrations de côté ou aller voir ailleurs, ou laisser courir. Elle n'a pas prêté attention à ce genre de propos qui auraient pu ralentir sa démarche, ou même la compromettre.

La force de ne pas voir ce qui s'oppose à son projet, c'est aussi minimiser l'importance de l'inconfort. Dany sait parfaitement que sa situation matérielle ne sera pas aussi aisée lorsqu'elle sera séparée de son compagnon, mais cela ne l'arrête pas. Elle sait aussi qu'elle devra traverser une période d'adaptation que peut-être elle aura des doutes, des regrets, mais, elle ne veut pas y penser.

Si, lorsqu'elle a pris sa décision Dany espérait obtenir le soutien de sa famille, il lui a fallu admettre qu'elle s'était trompée. L'épreuve la plus pénible de sa rupture c'est le sentiment de solitude, de flottement. Déjà partie mais pas encore installée dans un nouveau projet de vie, Dany avait fortement besoin de repères, d'amitiés, d'affection, et d'être accueillie sans être jugée. Mais elle a dû s'en passer.

Cette situation lui a permis de mobiliser une autre ressource : ne compter que sur ses propres efforts pour faire aboutir un projet. Cette ressource concerne la responsabilité et l'autonomie, pour conduire un projet, on ne saurait s'en passer. Pour évaluer les ressources dont on dispose, on devra s'interroger sans concessions.

---

14 - Les questions à se poser

Pour accomplir mon projet, quelles sont les qualités requises ?

Ai-je déjà eu l'occasion d'utiliser ces qualités ?

Dans quelles conditions ces qualités vont-elles apparaître ?

Qu'est-ce qui les stimule ?

Qu'est-ce qui peut au contraire les freiner ?

Quelles sont les ressources ou les qualités dont je dispose et qui ne sont d'aucune utilité pour mon projet ?

Dans quelles autres situations sont-elles utiles ?

Il arrive aussi que nous nous sentions démunis de ressources, ou que celles-ci soient trop faibles pour le but qu'on se donne. Dany, avant de prendre sa décision explique qu'elle doutait : « Pendant au moins deux ans, j'ai douté d'être capable de quitter mon compagnon. Cette relation s'était comme solidifiée dans le temps, il avait ses habitudes, moi aussi. En, plus je n'avais rien à lui reprocher, je n'étais pas heureuse, pas épanouie et plus le temps passait, plus je me sentais lâche vis-à-vis de moi et de mon ami, ça devenait insupportable. Pour expliquer cette immobilité, je me disais que je n'avais pas assez de volonté, pas assez de courage. »

Quand je lui demande : « Comment le déclic s'est-il produit ? Dany répond : « Je ne me supportais plus. Un jour une amie m'a dit que si je continuais ainsi c'est parce que j'aimais souffrir, et elle ajouté avec ironie, " à mon avis tu ne souffres pas encore assez ! " J'étais furieuse, mais aussi honteuse, elle avait raison, mon attitude était incohérente, soit j'acceptais de continuer à souffrir, soit j'y mettais fin. J'ai acquis la certitude que je devais rompre à partir de cet instant, et ensuite, je n'ai plus jamais douté... »

Le déclic qui conduit à la mobilisation des ressources peut être identifié en s'interrogeant à propos des enjeux réels.

15 - Les questions à se poser

Qu'est-ce qui m'obligerait coûte que coûte à mettre en œuvre mon projet ?

Qu'est-ce qui me forcerait à renoncer à ce projet ?

Quelqu'un a-t-il suffisamment d'influence sur moi pour me faire renoncer à ce projet ?

Qu'arrivera-t-il si je n'accomplis pas mon projet ?

Partie II

Prendre ses distances

Thèmes de vie, perspectives, schémas des problèmes : tous nos actes s'inscrivent dans une logique et prennent un sens par rapport à celle-ci. Nous allons d'abord explorer les thèmes de vie pour comprendre comment ils fournissent les ingrédients nécessaires à la fabrication de problèmes. Les thèmes de vie sont des filtres cognitifs que l'on peut comparer à des « programmes » composés de représentations, de croyances. Ils se construisent au gré de nos expériences et parviennent à crypter le vécu de nos expériences. Nous sommes partiellement conscients de notre thème de vie, il fonctionne à notre insu pour influencer nos décisions et nos comportements.

Chapitre 4

Identifier ses thèmes de vie

Les thèmes de vie[1] sont construits à partir de nos expériences passées et donnent sens à celles que nous vivons dans le présent. Certains thèmes facilitent la réussite, d'autres l'interdisent ou la rendent très difficile, c'est pourquoi un coaching réaliste doit en tenir compte pour comprendre les problèmes en partant de la source.

Les thèmes de vie se structurent autour de trois axes : la peur, le désir, le plaisir ; selon les expériences vécues, ils peuvent évoluer vers plus de souplesse ou au contraire devenir de plus en plus rigides et contraignants.

Nous possédons tous un thème de vie qui se manifeste dans différents contextes, ainsi les mêmes croyances et représentations s'expriment, quelle que soit la situation. Un thème organisé par le désir facilite la curiosité, l'apprentissage, la découverte, que ce soit dans le contexte familial, amical ou professionnel. Un thème organisé par le plaisir facilite l'accès à la sensualité, le besoin de satisfaire ses envies dans l'immédiat, mais rend difficile l'observation d'un régime ou d'une hygiène de vie. Un thème organisé par la peur facilite la protection, la prévoyance, la pondération, mais restreint considérablement l'esprit d'initiative, le goût d'entreprendre.

Les thèmes de vie engendrent des scénarios répétitifs, et des problèmes caractéristiques qui en reflètent l'orientation vers la peur, le désir ou le plaisir. Aucune orientation n'est totalement absente d'un thème de vie, les mêmes caractéristiques peuvent engendrer des comportements utiles ou non selon le contexte où ils prennent place. L'équilibre s'atteint quand on s'engage dans une dynamique de vie, une voie, un projet et non pas dans un illusoire état de béatitude.

1. Cudicio, C., *Déchiffrer nos comportements*, Éditions Eyrolles, 2005.

Découvrir ses schémas répétitifs

En couple ou en famille

En couple comme en famille, on a tendance à vouloir que l'autre ou les autres se conduisent conformément à une sorte de contrat tacite qu'il est supposé connaître bien qu'il n'ait pas été évoqué et encore moins discuté. Les conflits avec les autres comme avec soi-même, prennent leur source dans des non-dits, les malentendus où chacun a lu et donné sens aux comportements et aux choix de l'autre, en utilisant ses propres filtres.

Témoignage

Carlotta est mariée depuis six mois et elle éprouve une haine implacable à l'encontre de la mère de son mari. Peu à peu cela prend des proportions énormes et pourrit la vie du jeune couple. Pietro, le mari de Carlotta, tente d'adoucir les choses, de traduire les bonnes intentions de sa mère, mais cela ne fait que renforcer la tension. Carlotta pense que Pietro prend parti pour sa mère contre elle et le met au défi de s'engager clairement : « Si tu n'es pas avec moi, c'est que tu ne m'aimes pas ».

Carlotta explique la situation : « Je ne supporte pas cette femme, elle se croit tout permis, elle ne veut pas lâcher son fils, je suis obligée de la remettre à sa place… » Quand je lui demande si elle a déjà vécu ce genre de situation, elle répond : « Ça n'a peut être rien à voir, mais quand je suis arrivée dans mon nouveau poste, j'avais une collègue proche de la retraite qui avait fait toute sa carrière dans la boîte et qui prétendait me donner des conseils. Au début, je l'ai écoutée, mais rapidement, j'ai été obligée de marquer les limites, elle se croyait tout permis… »

Carlotta entre en guerre avec des gens qui « passent les bornes », ou « franchissent les limites » et par conséquent menacent son territoire, sa « chasse gardée » serait-on tenté de dire. Ce sentiment d'envahissement, et l'obligation de défendre ses possessions reflète l'orientation vers la peur du thème de vie. Qu'il s'agisse de son mari, de son travail, et plus généralement de la place qu'elle entend occuper dans un groupe, Carlotta considère la présence des autres comme une menace potentielle.

En outre, elle ne précise jamais qui fixe les limites, ni comment elle sait qu'elles ont été franchies et dépassées.

Le problème de Carlotta s'exprime dans différentes situations de sa vie tout en gardant la même structure, c'est la « signature » de son thème de vie. Elle se joue toujours le même scénario sur la scène de son théâtre mental, et se contente de changer décors et costumes, ce qui donne l'apparence de pièces différentes.

À savoir

Si on arrive à identifier clairement la source du problème dans l'organisation du thème de vie, il sera possible de définir une stratégie de résolution et de mettre un terme à l'ensemble des difficultés présentant la même structure.

Une croyance très courante consiste à poser que, si nous connaissons les causes d'un problème, nous pourrons le résoudre. Ce n'est pas faux dans un certain nombre de situations mais, pour les difficultés psychologiques la connaissance d'une cause ne saurait suffire à résoudre le problème.

Dans le parcours de coaching, on cherche la source, c'est-à-dire les éléments qui permettent de produire le problème. Cela exige une attitude de respect vis-à-vis des personnes et des difficultés, un même thème de vie peut être la source de comportements libérateurs ou inhibiteurs. Même si d'un coup de baguette magique, nous pouvions changer un thème solidement ancré dans la peur, il serait prudent de réfléchir et de s'interroger sur les répercussions de ce changement.

Dans le témoignage de Carlotta, il apparaît clairement qu'elle interprète comme des invasions ou des franchissements de limites des comportements qui, par d'autres aspects, ressemblent à s'y méprendre à des désirs de lui venir en aide, de la protéger ou l'encourager. Nous avons tendance à donner aux autres les attentions dont nous avons aujourd'hui l'impression d'avoir manqué. Malheureusement, les autres n'ont pas nécessairement besoin de ces marques d'attention, pire encore, cela peut les blesser ou les mettre en colère. Rien n'est plus difficile à exprimer que les bonnes intentions, d'autant qu'elles sont souvent révélatrices d'un désir de plaire, de se valoriser, de se mettre en avant sur la scène relationnelle. De là à y lire une tentative de prise de pouvoir, il n'y a qu'un pas.

Dans la situation de Carlotta, je vais utiliser une stratégie qui consiste à changer de posture pour percevoir et donner sens à la situation, mais, avant d'en arriver là, je lui fournis quelques pistes de réflexion et d'interrogation.

---

16 - Les questions à se poser

M'arrive-t-il de ressentir des impressions similaires dans d'autres situations ?

Que se passe-t-il alors ?

Qu'est-ce que je crains quand cela se produit ?

En quoi l'autre personne est-elle une menace ?

Qu'est-ce que je risque de perdre ?

Comment fais-je pour me protéger ?

Quels sont les résultats de cette stratégie ?

Que voudrais-je obtenir dans l'idéal ?

Au travail

La vie professionnelle peut être un contexte d'épanouissement ou au contraire générer de difficiles situations de stress. Le développement personnel représente une clé de l'efficacité, et de plus en plus d'entreprises se sentent concernées par le bien-être au travail de leurs collaborateurs. Désormais, le coaching n'est plus un luxe réservé aux dirigeants, mais toute personne peut en bénéficier, notamment pour accompagner des transitions de carrière.

Témoignage

Amélie dirige l'antenne régionale d'une entreprise commerciale ; la promotion tant attendue est arrivée et elle se prépare à déménager car son nouveau poste se trouve en région parisienne. Cette promotion, elle en est très fière, mais en même temps elle souffre dit-elle, de s'éloigner de son cadre habituel. Je lui demande ce que ce déplacement signifie pour elle. Amélie réfléchit et répond : « C'est l'aboutissement de plusieurs années d'efforts, j'ai débuté comme agent commercial, puis je suis devenue responsable d'une équipe, puis directrice d'agence, j'ai fait mes preuves, aujourd'hui j'intègre un poste au siège de la société. Je suis fière de cette réussite. Pourtant, je me sens déracinée, mon bonheur n'est pas du tout ce que j'avais espéré... » Peu à peu, au cours de l'entretien, il apparaît que le problème du déplacement n'est qu'une bonne raison pour justifier un autre malaise. Amélie reconnaît qu'au fond, cela ne lui déplait pas du tout de changer de cadre. Quand je cherche à faire préciser Amélie explique : « Ce que je viens de vous dire, c'est la version officielle, au fond, j'ai le sentiment que je cours après quelque chose que je n'arrive jamais à atteindre... »

À la lumière de cette explication, il devient évident que, depuis des années, Amélie a volé de succès en réussites, tant au niveau de ses études, du sport que du travail, sans toutefois éprouver une véritable satisfaction. Une fois le but atteint, elle ne désire qu'une chose, courir vers un nouvel objectif, mais cette pression permanente l'épuise et elle traverse périodiquement de douloureuses baisses de forme où elle perd le moral et déprime.

Très rapidement, Amélie découvre de nombreuses autres situations au cours desquelles, elle a ressenti la même frustration, à l'issue de son parcours scolaire, le « bac avec mention », qu'elle jugeait alors indispensable, son diplôme universitaire, son parcours professionnel rapide et brillant. Quand elle s'interroge à propos de ce qui donne du sens à sa vie, elle comprend pourquoi il lui est impossible d'avoir des relations sentimentales stables et épanouissantes. Amélie est beaucoup plus consciente de ce qui lui manque que de ce qu'elle possède, beaucoup plus intéressée par la course que par la médaille...

Le thème de vie d'Amélie est fortement orienté vers le désir, ce qui la conduit à s'exprimer essentiellement par la quête permanente. La curiosité, l'envie de gagner, l'énergie d'entreprendre représentent les aspects positifs de ce thème. Mais, les problèmes que rencontre Amélie proviennent aussi de ce thème.

Quand je lui demande de s'attribuer une « devise » qui traduirait au mieux qui elle est, Amélie répond : « je veux toujours être dans la course ». Cette déclaration peut être lue à plusieurs niveaux : « être dans la course », c'est se sentir impliqué dans une dynamique, être acteur de sa vie, c'est un signe de vitalité, d'énergie. Quand on n'est pas ou plus dans la course, c'est au contraire le signe d'une incapacité, d'un rejet, d'un déni de soi. « Être dans la course », signifie aussi pour Amélie, qu'elle doit se surpasser, arriver la première, car elle pense que c'est le prix à payer pour être reconnue, acceptée et maintenir sa position sociale.

Aux interrogations précédentes, nous pourrons ajouter celles qui portent sur le sens de l'action, et l'attention portée à l'ici et maintenant.

---

17 - Les questions à se poser

Ai-je déjà éprouvé cette difficulté dans d'autres situations ?

Au moment où j'éprouve cette difficulté qu'est-ce qui me semble important ?

Qu'est-ce que je redoute quand j'éprouve cette difficulté ?

Qu'est-ce qui m'oblige à me comporter ainsi ?

Quel est le sens de ce comportement ?

Prendre conscience des valeurs et de leur hiérarchie

Les valeurs fondatrices

Qu'est-ce que je voudrais faire que je ne parviens pas à mettre en œuvre ? Ici et maintenant, qu'est-ce qui est vraiment important ? Qu'est-ce que je ne peux pas accepter ? Toutes ces questions nous renvoient aux valeurs fondatrices qui composent la dimension éthique de notre thème de vie.

Derrière chaque comportement, nous pouvons déceler l'influence d'une valeur. Quand nous privilégions notre confort, que nous pensons d'abord à nous, que nous ne jugeons pas utile d'aller vers les autres, que nous détestons avoir tort, cela indique que l'ego est une valeur fondatrice...

Témoignage

Claudio fait des études de médecine, mais sans grande motivation. Bon élève, il n'a pas eu de difficulté mais, arrivé en troisième année, il craque et explique : « Je n'en pouvais plus, j'étais sûr que ce n'était pas ma voie. Je m'étais inscrit en médecine parce que mon père me l'imposait, mais j'ai préféré l'affronter plutôt que de continuer des études qui ne me convenaient pas. Je me suis inscrit en fac de droit dans une ville très éloignée, et je me suis débrouillé pour travailler et financer mes études. Aujourd'hui, je ne regrette vraiment pas mon choix... »

Le cas de Claudio illustre le rôle de ses valeurs fondatrices sur ses choix. Il se trouve confronté à un problème qu'on peut résumer ainsi : soit il continue dans la voie que son père lui impose, soit il en sort et doit surmonter de nombreuses difficultés. Dans le second cas, il perd le confort matériel que lui prodiguent ses parents, il perd aussi leur confiance car il rompt une sorte de « contrat filial », mais l'enjeu est assez puissant pour que ces difficultés ne fassent pas obstacle. En faisant ce choix, Claudio reste en accord avec lui-même, il n'a jamais rêvé d'être médecin, il se sent bien plus attiré vers le droit et les carrières juridiques.

Les valeurs fondatrices ne se manifestent que si elles sont menacées. Le respect de ces valeurs fait partie du respect de soi, les décisions prises au mépris des valeurs fondatrices aboutissent à des problèmes et entretiennent un conflit intérieur permanent.

Le respect de soi, l'altruisme, la tolérance, l'amour de la liberté, l'individualisme sont des valeurs fondatrices communes à beaucoup dans notre société dont elles reflètent la morale en vigueur. Les valeurs fondatrices évoluent car elles sont déterminées par le « bain culturel » de l'époque, on en juge aisément si l'on réfléchit à la place du « moi » ne serait-ce que pendant quelques décennies.

Exercice 4
Doute et confiance

Pensez à un comportement que vous désapprouvez fortement chez les autres et posez vous les questions suivantes :
Comment est-ce que je qualifie quelqu'un qui se conduit ainsi ?
Est-ce que, au fond, je veux être tout le contraire de cela ?
Qu'est-ce que je ne veux pas que l'on pense de moi ?
Les réponses à ces questions vont esquisser les grands traits de vos valeurs fondatrices.

Connaître la valeur fondatrice permet de prévoir quelles décisions pourront être prises, quels projets seront conduits jusqu'à l'aboutissement, quelle voie existentielle tiendra la promesse d'épanouissement. Pour y arriver, il suffit de repérer un choix qui pose problème, ou nous fait hésiter, ou encore nous attire irrésistiblement, une ou plusieurs de nos valeurs fondatrices y jouent un rôle. Enfin, quand on réfléchit à l'équilibre entre soi et les autres, entre son « moi » intérieur et son « moi » extérieur, on parvient à déceler ce qui compte vraiment et qui traduit la présence d'une valeur fondatrice. Le jeu qui consiste à se demander ce qu'on emporterait avec soi sur une île déserte peut également révéler une valeur fondatrice.

18 - Les questions à se poser

Avec laquelle de ces valeurs je me sens le plus en accord : liberté, amour, devoir ?

Quelles valeurs ai-je respecté dans les trois dernières décisions que j'ai prises ?

Qu'est-ce qui pourrait m'obliger à ne pas tenir compte de mes valeurs ?

Qu'est-ce que je ne pourrais jamais accepter ?

Hiérarchie des valeurs

Parfois, nous traversons de graves conflits intérieurs parce que certaines de nos valeurs s'opposent et que nous n'arrivons pas à donner la priorité à l'une d'entre elles. Il arrive que nous devions faire des choix qui ne vont pas satisfaire toutes nos attentes : « on ne peut pas tout avoir ! » dit-on familièrement. Que doit-on faire passer en premier ? Face à une décision importante, doit-on négliger certaines de nos attentes ?

Témoignage

Herbert et Quentin ont décidé de vivre ensemble et d'officialiser leur décision par un contrat, ils ont organisé leur vie et se disent très heureux. Mais un jour Herbert apprend qu'il doit quitter Paris où il travaille car son employeur a besoin de lui à Berlin. Quentin, pour sa part travaille comme consultant en management, il occupe un poste très intéressant et refuse de le quitter. Le couple se déchire, Herbert raconte : « Je voulais que Quentin me suive à Berlin, il est intelligent, débrouillard, bardé de diplômes, en moins d'un mois, il aurait trouvé un poste, d'ailleurs j'aurais pu l'aider. Mais il m'a demandé de choisir entre lui et ma carrière... » Herbert devient songeur, il poursuit : « J'étais déchiré, après tout je n'avais pas le droit d'exiger ça de lui, il aurait pu en faire autant et me demander de renoncer. Seulement voilà, mes chances de trouver un nouveau poste ici étaient minces... Cela me détruisait quelque part, mais j'ai préféré rompre notre relation. »

La prise de décision n'est pas simple, car les choix impliquent des conséquences difficiles à assumer. Herbert et Quentin ont mis en balance leur situation professionnelle et leur vie sentimentale, dans un cas comme dans l'autre, ils seront perdants, du moins si l'on s'en tient à la façon dont le problème est posé. Très vite, ils sont arrivés à admettre qu'il fallait choisir entre profession et sentiments, et que renoncer à l'un revenait à prouver son amour pour l'autre.

On se rend compte que le problème est mal posé et qu'il reflète un certain nombre de croyances, notamment celle qui stipule que le cœur et les affaires sont ennemis, que chaque bonheur a un prix de souffrance, etc. La machine à problèmes tourne « à fond les manettes » !

Schématiquement, on distingue deux façons de choisir, soit on va vers une option, soit on agit pour éviter une conséquence désagréable. Les choix qu'on fait en allant vers un but donnent le sentiment de gagner, ils sont gratifiants et la forte motivation qui les soutient fait en sorte que les conséquences négatives restent en coulisse. En revanche les choix par défaut font davantage ressortir les conséquences négatives et accentuent le sentiment de perdre en effectuant le choix.

Pour établir une hiérarchie de valeurs, il faudra envisager les deux types de choix et examiner de près leurs enjeux, en gardant présent à l'esprit que des choix « gagnant-gagnant » sont toujours possibles.

Le coach va s'efforcer de souligner les aspects positifs d'une décision afin de limiter le recours aux choix par défaut, évidemment moins stimulants.

■ Quels sont les choix qui se présentent dans la situation ?

Cette question est destinée à poser le problème et éventuellement à le recadrer. Quand nous sommes prisonniers d'une difficulté, nous devenons incapables d'envisager d'autres façons de poser le problème. Dans le cas de Quentin, la peur d'être abandonné lui masque les autres enjeux de la situation. Pour Herbert, la perspective est très différente, découvrir un nouvel horizon, progresser dans son travail sont autant d'éléments qui minimisent à ses yeux la situation de son compagnon.

■ Qu'est ce qui vous semble le plus important pour vous, pour votre entourage ?

Cette question fait apparaître les valeurs fortes, et l'importance qu'on accorde à son modèle du monde. Beaucoup de choix par défaut trouvent en l'autre un excellent prétexte : le désir de lui plaire ou de ne pas lui déplaire tombe à pic pour justifier la décision.

Quelles sont les conséquences négatives de ce choix ? En cas de conflit, il est indispensable d'examiner cette question pour chaque partie impliquée.

---

19 - Les questions à se poser

Combien de possibilités se présentent-elles ?

Quels sont leurs avantages ?

Face à chaque possibilité qu'est-ce qui me semble le plus important ?

Quels sont les inconvénients acceptables de mon choix ?

Quels sont les conséquences inacceptables ?

Évaluer la cohérence de son projet de vie

Le projet est-il en accord avec le thème de vie ?

Le projet de vie correspond à un modèle constitué d'éléments comme les objectifs et les décisions. La vie à deux peut être un projet de vie, une vocation professionnelle aussi, et, plus généralement tout ce qui donne un sens à la vie. Quand ce projet de vie s'inscrit en parfaite cohérence avec le thème de vie, il peut aboutir et procurer un réel épanouissement de soi. Mais quand projet et thème de vie s'opposent, un déséquilibre s'installe qui se traduit par l'apparition de problèmes illustrant le conflit intérieur.

Témoignage

Émilie, 61 ans, assistante sociale, vient de partir en retraite, elle rêve depuis longtemps déjà de mettre à profit ce temps libre pour faire une foule d'activités qu'elle n'a jamais pu entreprendre, notamment voyager. Elle a préparé minutieusement un périple autour de la Méditerranée et se réjouit car son départ est proche. Mais les choses se compliquent, elle raconte : « Ma fille aînée m'a téléphoné, et m'a supplié de venir l'aider. Elle a divorcé et, comme elle a la garde de ses deux enfants, elle a beaucoup de mal à s'organiser. Je pensais lui apporter mon soutien quelques jours, mais ça fait bientôt trois mois que je fais office de baby-sitter, je vais les chercher à l'école, je surveille les devoirs... Quand elle arrive de son travail, tout est prêt. Finalement, je ne suis pas partie en voyage, et maintenant, il faudra remettre à l'année prochaine. Ma fille s'accommode très bien de la situation et j'ai le sentiment qu'elle ne fait plus aucun effort pour s'organiser sans moi. Pendant toute ma vie, j'ai rendu service aux autres, il est temps que je pense un peu à moi. Mais bizarrement, dès que j'organise quelque chose pour moi, il arrive toujours un incident qui m'empêche d'accomplir mon souhait. »

Émilie a un gros problème, elle ne peut rien refuser à ses enfants, et, en règle générale, ne sait pas dire « non ». Venir en aide aux autres représente la valeur fondatrice d'Émilie, son thème de vie s'inscrit dans cette logique et jusqu'à maintenant elle a réussi à aligner tous les aspects de sa vie dans cette perspective altruiste. Mais, elle est arrivée à l'âge de la retraite avec une grande quantité de désirs inassouvis : voyager, faire du sport, s'investir dans la vie de son quartier... Quand sa fille lui demande de l'aide, elle est incapable de refuser, et quand elle a le sentiment que cette aide dépasse complètement ses limites, elle se trouve dans la plus totale incapacité de l'exprimer. Or, les choses ont changé, Émilie a changé, la transition de la vie professionnelle à la retraite lui a donné un sentiment d'urgence. Si elle n'accomplit pas certains de ses rêves, elle se sentira en échec, ce qu'elle exclut.

En tant que coach, j'ai pour mission d'aider Émilie à identifier les valeurs fondatrices de son thème de vie et examiner si elles sont compatibles avec le projet qu'elle souhaite mettre en œuvre. Il faudra aussi établir la hiérarchie des valeurs afin de préciser ce qui compte le plus ici et maintenant. Dans ce cas précis, on utilise une stratégie de visualisation présentée ici sous forme d'exercice.

Exercice 5
Quand on se sent en désaccord avec soi-même

Cet exercice est à utiliser dans la situation où l'on répond aux attentes d'une autre personne et cela ne correspond pas à ce que l'on souhaite, ou contraint à changer d'objectif.

Visualisez la situation dans laquelle vous accomplissez le projet que vous désirez : vous sentez-vous en accord avec vous-même ? êtes-vous satisfait de ce que vous faites ?

Maintenant, visualisez la situation dans laquelle vous répondez aux attentes d'une autre personne, et posez-vous les mêmes questions pour savoir si vous vous sentez en accord avec vous-même et si vous êtes satisfait.

Comparez les deux images, laquelle des deux exerce-t-elle le plus d'attrait ? C'est celle qui correspond le mieux à votre thème de vie.

Les phases de transition : quand le thème de vie doit nécessairement évoluer

Les difficultés que nous traversons n'arrivent pas inopinément mais à des périodes de transition caractérisées par la nécessité de réajuster ses valeurs. Les problèmes ne font alors que traduire un décalage entre le thème de vie et le projet en cours. À tout âge de la vie, nous connaissons des phases de transition, qu'elles soient liées à nos réalités biologiques, à notre vie affective ou sociale.

Témoignage

Laura, 38 ans, a divorcé il y trois ans, après dix ans de mariage. Laura est « gentille », elle a tendance à accepter plutôt qu'à s'opposer, et à faire passer les autres avant elle. Elle témoigne : « Je n'osais exprimer ni ce que je voulais, ni ce que je ne voulais pas, je me retranchais derrière des habitudes, des convenances. Je me sentais de plus en plus mal à l'aise, j'avais le sentiment de mentir sans arrêt. Entre mon mari et moi, il n'y avait aucune communication. On a décidé de se séparer, même si on ne se disputait pas, la vie était insupportable. Je me suis sentie responsable de cet échec, coupable aussi. Aujourd'hui, j'ai repris le dessus, ma vie professionnelle est plus satisfaisante, et j'ai un ami. Pourtant, je me rends compte que souvent, si je ne fais pas attention, je reprends les mêmes attitudes de passivité, ou je dis " oui " à tout, même quand je ne suis pas d'accord. »

Laura a fait le deuil de son couple, repris sa situation en main, pourtant, le changement n'est pas complet. Spontanément elle réutilise les mêmes comportements à ceci près qu'aujourd'hui elle est consciente que cette tendance à acquiescer peut nuire à son bonheur. L'altruisme semble au premier rang des valeurs fondatrices de son thème de vie, mais quand je m'enquiers des avantages de dire « oui » à tout, Laura explique : « En réalité, je veux avoir la paix, j'ai horreur des disputes et des discussions, alors je dis " oui ", et ça coupe court à toute discussion, je m'arrange ensuite... » Cette attitude caractérise un thème de vie ancré dans la peur, Laura redoute d'avoir à défendre son point de vue dans une discussion, et plus que tout, elle craint de ne pas sortir gagnante de cette confrontation. Elle préfère donc abandonner la partie avant même de la jouer... La valeur fondatrice réelle serait donc un intense besoin de se protéger, doublé de la peur d'être rejetée.

■ Pistes d'exploration

Pour arriver à fonder une relation équilibrée et s'y épanouir, Laura doit faire évoluer son thème de vie. Je lui propose de travailler en utilisant plusieurs postures de perception pour comprendre la situation. Je lui suggère donc quelques pistes d'exploration.

Quand quelqu'un n'est pas d'accord avec vous et qu'il vous expose ses raisons, que pensez-vous de cette personne ? En réfléchissant à cette interrogation, Laura découvre qu'elle n'a aucune opinion défavorable envers quelqu'un qui n'est pas de son avis, elle cite plusieurs exemples, notamment dans son travail.

Trouvez-vous que ce comportement est justifié ? Laura estime alors qu'il y a un seuil. Parfois cela lui semble injustifié de s'opposer, d'autres fois c'est vital.

Identifiez quelques cas où cela vous semble particulièrement important de faire valoir son avis.

Lorsque cette étape de prise de conscience est achevée, il faut commencer à évaluer le comportement en situation réelle. Pour que les choses se fassent sans heurts, Laura commence par imaginer et visualiser une situation au cours de laquelle elle exprime son avis. Enfin, je lui demande ce qu'elle gagne en osant s'exprimer... Le sourire de Laura vaut pour toute réponse !

---

20 - Les questions à se poser

Quelles sont les situations dans lesquelles j'utilise un comportement que je sais parfaitement inutile, et même probablement négatif à moyen terme ?

De quoi ce comportement me protège-t-il ?

Quel comportement aimerais-je avoir à la place dans la même situation ?

Quels en seraient les bénéfices ?

Chapitre 5

Thématiques des problèmes

Prenant appui sur cette compréhension précise de ce qui nous motive, nous retient, nous plait, nous déplait et justifie nos comportements, des thématiques porteuses de problèmes apparaissent. Elles révèlent la logique qui leur permet de s'incruster jusqu'à faire partie de notre vie, et les pistes qu'il faut suivre pour briser cet engrenage. Une mise en perspective sur le plan personnel et relationnel sera alors possible. Je ne présente ici que trois grandes catégories baptisées « l'imposture », « le prix à payer », « la malédiction familiale », leurs différentes expressions sont faciles à repérer, et je suggère quelques pistes pour y réfléchir et les gérer.

L'imposture

La thématique de l'imposture apparaît quand on a le sentiment de ne pas être à sa place parce qu'on occupe indûment celle de quelqu'un d'autre, ou qu'on s'est vu à tort attribuer quelque chose, ou encore qu'on a usurpé un droit, un statut... Cette thématique est particulièrement pénible car elle procure en permanence l'impression d'être décalé, déplacé, de n'arriver à se « poser » nulle part, bref, d'être à tout jamais exclu. Ce sentiment n'a rien à voir avec des réalités objectives comme la situation sociale, le niveau d'étude, le sexe, ou la religion, mais avec leurs représentations. La thématique de l'imposture menace gravement l'épanouissement de soi.

« Je ne suis pas à ma place »

Témoignage

Damien a 28 ans, il est professeur des écoles dans une petite ville de province, il aime son métier et semble plutôt épanoui. Mais il éprouve un malaise, un sentiment de décalage permanent, il explique. « Chaque fois que je rencontre une difficulté, notamment avec les parents d'élèves, je me dis que je ne suis pas capable de la résoudre, que je ne mérite aucune estime. J'ai le sentiment que je trompe tout le monde, que je fais semblant, qu'au fond, je suis un menteur. Par exemple, je ne suis pas du tout certain d'apporter quelque chose aux enfants, je remets en doute mes compétences, je me dis que je serais mieux dans un bureau, que je ne suis pas à la hauteur de mes responsabilités... »

Damien se considère comme un imposteur, il ne mérite ni sa place ni ses responsabilités. L'exploration de son thème de vie montre que Damien ne cesse de se comparer à des modèles inaccessibles et aboutit régulièrement à une situation d'échec qu'il explique ensuite « logiquement » par son imposture. Face à une difficulté, il se sent d'emblée incapable de lutter car il n'est pas à sa place, peut-être même occupe-t-il la place de quelqu'un d'autre... Je cherche alors à savoir si Damien est capable d'imaginer l'attitude positive permettant de résoudre la difficulté, et si c'est le cas, pourquoi il s'interdit de la mettre en œuvre.

Damien explique alors : « Bien sûr, je sais ce qu'il faudrait faire, mais quoi, je ne suis qu'un modeste instituteur, je ne fais pas le poids... » Et de citer de nombreuses situations qu'il vit très mal, comme certaines relations avec des parents d'élèves, des remarques de sa hiérarchie, le manque de discipline dans sa classe, le manque de motivation de ses élèves...

Le problème d'imposture reflète l'estime de soi, je vais donc chercher comment Damien a appris à se considérer ainsi, puis l'aider à trouver des contre-exemples, des situations dans lesquelles il se fait confiance, en pleine possession de ses compétences. Quant Damien évoque un décalage, il faut chercher à comprendre à quel modèle il se réfère ; pour son métier ? Pour sa vie privée ? Dans d'autres contextes ? Même si la thématique de l'imposture est présente dans de nombreuses situations, il existe certainement un contexte indemne et dans lequel il sera possible de trouver des ressources.

---

21 - Les questions à se poser

Quand j'éprouve ce malaise, par rapport à quoi (à qui) est-ce que je me sens en décalage, (en désaccord, en disharmonie) ?

Quelle serait, selon moi, la bonne attitude dans ce type de situation ?

Qu'est-ce qui m'empêche d'adopter cette attitude ?

Y a-t-il des situations dans lesquelles je n'éprouve jamais ce décalage ?

« Je n'ai pas le droit de m'exprimer »

La thématique de l'imposture se manifeste quelque fois par une sévère autocensure. Au chapitre 2, nous avons étudié le problème d'Odile qui, pour s'interdire toute expression, avait trouvé dans la nourriture un « bâillon » d'une redoutable efficacité. Ce problème relève partiellement de la thématique de l'imposture, toutefois ce lien n'apparaît pas en première lecture contrairement aux difficultés de Gwladys présentées ici.

Témoignage

Gwladys, 42 ans, est responsable d'un magasin de prêt-à-porter, elle vit avec sa compagne Robin, 38 ans. Gwladys souffre beaucoup car elle est incapable d'exprimer ses sentiments à l'égard de Robin et elle redoute que leur relation ne s'arrête. Je demande à Gwladys quels risques elle court si elle s'exprime, elle explique : « Si je lui dis que je l'aime, j'ai peur de passer pour une idiote, bêtement sentimentale et qu'elle se moque de moi ou qu'elle me rejette, ce serait aussi avouer une faiblesse, je ne veux pas admettre que je suis attachée à elle, je ne veux pas qu'elle reste avec moi par pitié ou par habitude, tout ça s'ajoute et me bloque complètement. Si je m'exprime, je ne serais plus moi-même… »

Gwladys associe le fait de s'exprimer à celui de sortir de son personnage et donc de tomber dans l'imposture. Robin, quant à elle, interprète l'attitude de son amie comme de l'indifférence, un manque d'engagement, une absence de sentiments. En approfondissant les choses, je découvre qu'en fait Gwladys n'a jamais pu s'investir dans une relation épanouissante, chaque fois que la situation s'est présentée, elle s'est « arrangée » pour y mettre fin. Gwladys commente : « J'ai le sentiment, que ce genre de chose, ce n'est pas pour moi... Je ne suis pas faite pour ça ! ».

Elle admet qu'elle s'exclut elle-même du bonheur avec des arguments qui, au fond, ne résistent pas longtemps à l'analyse. Gwladys comprend qu'elle se ment d'abord à elle-même et que cette idée d'imposture lui sert en réalité à éviter la prise de risque d'une relation sentimentale. Tant qu'elle demeure coincée dans son attitude, elle peut se faire croire qu'elle est victime des événements, que le bonheur lui est interdit. Gwladys redoute d'être rejetée si elle montre ses sentiments, et, à l'évidence l'interdiction de s'exprimer fait disparaître ce risque. Je vais utiliser les pistes d'exploration évoquées dans l'exemple précédent, et insister davantage sur ce que représente le comportement et l'utilité de l'imposture. Je m'intéresse également à l'image que Gwladys veut donner d'elle-même, qu'est-ce qui lui semble le plus « vrai ». L'idée est de montrer à Gwladys que lorsqu'elle choisit de « ne pas s'exprimer » sous prétexte d'éviter l'imposture, elle donne cependant à voir, à entendre et à ressentir une somme considérable d'informations que Robin interprète à sa manière. Si Gwladys continue ainsi, sa relation ira vers la rupture et elle pourra continuer à vivre son scénario habituel...

---

22 - Les questions à se poser

Au fond qu'est-ce que je veux transmettre par mon comportement ?

Sous quelle image je ne veux pas apparaître ?

Que représente pour moi le fait de m'exprimer ?

S'exprimer ou ne pas s'exprimer, qu'est-ce que je redoute le plus ?

Le prix à payer

Beaucoup de problèmes résultent de la croyance que les expériences agréables et épanouissantes ont un prix qu'il faudra payer d'une expérience désagréable ou douloureuse. La souffrance, le désespoir, la dépression, la tristesse représentent alors des choses normales : le prix à payer pour avoir connu quelques instants de bonheur ! Faute de les endurer et de les montrer, on pourrait être considéré comme un voleur. Quelqu'un devrait alors nécessairement souffrir pour avoir le droit d'être heureux. Une personne n'ayant pas apporté sa ration de souffrance pourrait être jugée usurpatrice de droits ou d'avantages, ce qui rejoindrait alors la thématique de l'imposture.

Le prix de la confiance

Témoignage

Angelo, 45 ans, vit seul depuis qu'il a divorcé il y a deux ans. Il vit très mal cette épreuve et exprime avec agressivité son amertume et son manque de motivation. Il se cantonne fermement dans une attitude de repli, pourtant, il aimerait en sortir et me confie : « Voilà, je me remets à peine, j'ai payé largement, j'ai le droit de vivre en paix ! Mais je me demande ce qui va encore me tomber dessus si je me relève… J'ai l'intention de démarrer un nouveau projet mais j'hésite… » Je demande à Angelo ce qui le fait hésiter ainsi, il poursuit : « Chaque fois que je réalise quelque chose de bien qui marche, à chaque fois, j'ai l'impression que ce succès se retourne contre moi. Là par exemple, ma femme m'a quitté juste au moment où les affaires commençaient à bien marcher, j'ai d'autres exemples comme cela. Tout ce que je gagne il faut que je le perdre… »

Ainsi, Angelo est-il persuadé que s'il obtient un succès dans un domaine, il devra en « payer le prix ». Cette perspective lui rend la vie difficile, et ralentit ses projets. Il pense aussi que s'il s'investit dans ses activités, cela va lui permettre de redémarrer positivement. L'idée que

« tout se paie » interdit à Angelo de vivre pleinement les moments de bonheur ou simplement de satisfaction et de paix ; une menace constante s'exprime dans son dialogue intérieur, il se dit d'un ton désabusé: « profites-en bien cela ne dure jamais... ». D'où vient cette croyance ? Angelo ne s'en souvient pas tant elle fait partie de lui. Quand je lui demande ce qui caractérise le mieux sa personnalité, Angelo répond : « Je suis quelqu'un de conscient, on ne peut pas me faire avaler n'importe quoi, je sais rester critique dans toutes les situations, je ne prétends pas être meilleur qu'un autre, mais je m'efforce de ne pas me raconter d'histoires. » Le thème de vie d'Angelo donne une large place à cette attitude qui se manifeste dans tous les contextes de sa vie. Angelo préfère la position de témoin à celle d'acteur et quand il vit une expérience, il reste en dehors des choses. Il précise : « Quand je suis invité dans la famille et qu'on fait un peu la fête, je pense que j'aurai mal à la tête le lendemain, et qu'au final tout ça c'est un peu ridicule... » À cela s'ajoute une vague culpabilité, son entourage lui reproche son attitude, toutefois Angelo considère cela comme faisant partie du « prix à payer ». Mais, qu'obtient-il réellement en échange de ce tribut ? Il semble que la transaction ne soit guère fructueuse, quand il émerge de sa souffrance et qu'il souhaite redémarrer, Angelo comprend que ce qu'il a « payé » ne l'a pas délivré de ses entraves.

Je m'enquiers de ce qu'Angelo achète « à ce prix », je cherche également à savoir si Angelo pense que certaines choses ne sont ni à vendre ni à acheter, qu'elles n'ont pas de prix. Et, à ma grande surprise, Angelo accepte de répondre à la question : « Oui, quand je donne ma confiance, je n'attends rien en retour. Tant pis si je me trompe... » C'est à partir de cette certitude qu'il a été possible à Angelo de redémarrer.

---

23 - Les questions à se poser

Qu'est-ce que j'obtiens en échange de ce prix ?

Est-ce que cela me délivre d'une faute que j'aurais commise à un moment ?

Qu'est-ce que je crains en m'impliquant dans une situation au lieu de rester comme une sorte de témoin ?

Qu'est-il impossible d'acheter ?

Le prix de la tranquillité

La thématique du prix s'illustre aussi dans les difficultés où la personne admet « payer » pour être tranquille. Cela conduit à accepter des choses qu'on désapprouve, uniquement pour éviter un affrontement dont les conséquences réelles ou imaginaires apparaissent comme un danger ou une menace grave.

Témoignage

Marine, 35 ans, célibataire, élève sa fille Cynthia âgée de 8 ans. Marine demande l'aide d'un coach car elle a des difficultés avec sa fille qui n'en fait qu'à sa tête. Marine explique : « Je rentre du travail vers 18 heures, je suis souvent fatiguée, mes journées sont intenses. Quand j'arrive à la maison, Cynthia est là avec la jeune fille qui la garde. Mais les devoirs ne sont pas faits, ma fille est devant la télé ou au téléphone avec des copines, ou elle joue. Si je demande à voir le travail scolaire, ce sont des cris, des hurlements… Elle affirme que je la harcèle, que je la maltraite, qu'elle va me dénoncer. Je n'ai pas le courage d'insister, je laisse tomber. Je ne dis plus rien pour avoir la paix. Mais je panique à l'idée de ce que qui arrivera si cela continue. »

Quand j'explore la difficulté de Marine, je m'aperçois qu'elle redoute particulièrement le bruit et les cris ; elle se sent agressée quand on lui répond en hurlant, qu'il s'agisse de sa fille ou d'autres personnes. Marine est prête à toutes les concessions pour faire cesser l'agression, c'est le prix de sa tranquillité. Marine se souvient : « Je n'ai jamais pu refuser quoi que ce soit à ma fille, je lui ai donné tout ce que je n'ai pas eu. Pourquoi est-elle aussi désagréable en permanence ? » Marine est consciente que sa fille ne pense qu'à jouer, qu'elle a trouvé facilement son point faible et s'en sert avec habileté. Ce dont Marine a besoin c'est d'abord de comprendre comment elle se retrouve dans cette situation où elle « paie le prix de la tranquillité ». Elle explique encore : « J'ai horreur des conflits, des disputes, le plus souvent, je plie et je mets de côté mes attentes, même si je sais qu'elles sont justifiées. Si j'arrive à ne pas céder, je peux me mettre gravement en colère, et quelque fois ce n'est pas justifié... » Au fond, c'est sa propre colère que Marine craint le plus... Sachant cela, je suggère à Marine de détecter des signes révélateurs de colère afin d'intervenir à temps. Marine a admis qu'il était préférable d'avoir de petits affrontements que des déferlements de colère, que sa tranquillité méritait bien un tel effort...

Le « prix de la tranquillité » est un thème très courant dans les difficultés, il se manifeste chaque fois qu'on juge préférable de céder, de se taire, de fuir, de se dissimuler, d'accepter. Quand on se sent obligé de « payer le prix » pour être tranquille, on reconnaît que quelqu'un peut nous imposer ses volontés et que celles-ci sont plus puissantes que les nôtres. Le fait de « payer » entretient aussi l'illusion d'un certain pouvoir. Acheter quelque chose c'est en prendre possession et donc l'amener en son pouvoir. Dans les difficultés engendrées par cette thématique, il s'agit d'une « escroquerie » : même en payant le prix fort, on n'obtient rien de bien tangible. Marine, en laissant sa fille n'en faire qu'à sa tête, ne fait qu'augmenter son inquiétude, en acceptant la tyrannie de son petit ange, elle lui enseigne le « chantage », et à terme l'entraîne vers des conséquences désastreuses. Enfin, l'idée d'avoir « payé le prix » soulage la responsabilité qui pourrait lui incomber, ce n'est évidemment qu'un répit de courte durée.

---

24 - Les questions à se poser

Quelle « tranquillité » je cherche à acquérir ?

Quelles sont les différences entre cette tranquillité et celle que j'obtiens en abandonnant la partie ?

Si je ne cède pas, quelles sont les conséquences que je redoute le plus ?

La malédiction familiale

Certaines difficultés laissent croire à ceux qui les subissent qu'ils sont victimes d'une sorte de malédiction familiale car ils en ont déjà été témoins chez certains de leurs parents. Une solide relation de causalité s'installe bientôt et renforce la croyance, les victimes sont désormais persuadées que la malédiction s'acharne à les poursuivre. On sait de longue date que bien des comportements sont appris et enseignés en famille, l'intempérance, la violence, l'irrespect de soi et des autres, les mauvaises habitudes alimentaires... Cela ne suffit cependant pas à obliger qui que ce soit à faire siens de tels comportements. Cela suffit pourtant soit à justifier des attitudes opposées, soit à sombrer dans les mêmes difficultés au prétexte de la « malédiction familiale ».

Hériter d'une vieille querelle

Il arrive qu'un conflit franchisse les générations, les enfants héritent de vieilles querelles qui ont pourri la vie de leurs parents et parfois même de leurs grands-parents.

Témoignage

Richard raconte : « Quand j'étais enfant, ma grand-mère maternelle vivait chez nous, elle avait sa chambre au rez-de-chaussée où on lui apportait ses repas. Ma grand-mère n'était pas invalide, bien au contraire, mais ma mère et elle étaient fâchées, elles ne se parlaient jamais, et faisaient tout pour s'éviter. Quand j'ai pris conscience de cette situation, j'ai posé des questions autour de moi, personne ne savait pourquoi elles étaient fâchées. Selon une de mes tantes, la sœur cadette de ma mère, la grand-mère avait eu des problèmes avec son père, et il y avait toujours eu des histoires avec elle. Aujourd'hui, je suis très inquiet car je ne m'entends pas avec ma fille aînée. Elle habite le même quartier, mais je vois bien qu'elle m'évite, je ne veux pas me disputer avec elle, parce que je crains qu'elle ne m'empêche de voir mon petit-fils. Est-ce qu'on arrivera un jour à sortir de ces histoires ? »

Richard n'a jamais eu d'explication à propos de la querelle entre sa mère et sa grand-mère, le conflit faisait partie de la famille, et chacun acceptait un état de fait auquel on ne pouvait rien changer. Sa mère et sa grand-mère vivaient sous le même toit, mais se comportaient comme si elles étaient étrangères et hostiles. Richard a vécu dans ce climat pendant toute son enfance, et ses tentatives d'éclaircissement n'ont pas abouti, sauf à suggérer que la querelle était encore plus ancienne.

Richard est persuadé qu'il a hérité d'un fardeau terrible capable de maintenir durablement les troubles dans la famille. S'il fait appel à un coach, c'est davantage pour l'aider à négocier que pour comprendre l'origine de la querelle tant il semble convaincu que « c'est de famille ». Richard explique en effet qu'il veut garder le contact avec sa fille aînée car il a peur que celle-ci l'empêche de voir son petit-fils... Jusqu'à une époque très récente, Richard ne pensait plus à la querelle entre sa mère et sa grand-mère, mais, en prenant conscience que sa fille évite de le croiser, cela le ramène à des situations de son enfance. De témoin de l'évitement, il craint de devenir acteur, d'ailleurs il affirme que « Si ce n'était pour mon petit-fils, je ne verrais plus ma fille. Je n'approuve pas sa façon de vivre, et dès qu'on se parle c'est pour se disputer, il vaut mieux ne pas se voir si on n'y est pas obligé... »

Dans cet exemple, le problème semble surtout en rapport avec un défaut de compréhension, un manque d'écoute, de respect, une communication qui passe mal. Si Richard veut continuer à voir son petit-fils, il doit nécessairement établir une communication sereine avec sa propre fille. Je lui propose un travail sur les postures de perception et suggère quelques pistes de réflexion. Regarder le passé avec d'autres critères, s'en tenir aux faits plutôt qu'aux croyances, démystifier la « malédiction ». Cette relecture du passé ouvre la voie à une meilleure gestion du présent.

---

25 - Les questions à se poser

Qu'est-ce qui rend la querelle possible ?

Quel est le champ d'action de chaque partie ?

Quelles sont les attentes et les contraintes de chaque partie ?

Quels messages devraient-elles se transmettre ?

À quoi sert ce conflit ? Est-il encore réaliste ici et maintenant ?

Hériter d'un lourd secret

Bien des situations inextricables révèlent l'existence d'un lourd secret de famille, d'autant plus pesant qu'il ne peut être dit. Les difficultés qui résultent de l'héritage d'un lourd secret se caractérisent par le fait qu'elles se renforcent sans cesse, comme si elles puisaient une énergie aisément renouvelable dans le non-dit. En d'autres termes, plus on cache le secret, plus il devient lourd, plus on se tait et plus il devient impossible de parler.

Témoignage

Justine et son frère Alexandre sont au chevet de leur mère, ils partagent à la fois la peine de savoir qu'elle est à la fin de sa vie et une haine réciproque. En effet, ils savent que leur mère a un secret, et redoutent qu'elle le révèle et que les conséquences soient désastreuses pour l'un d'eux. Justine explique : « Quand ma mère est tombée gravement malade, j'ai dû m'occuper des papiers, et, en cherchant dans un tiroir, j'ai trouvé des lettres d'amour qu'un certain " Antonio " adressait à ma mère, il y avait aussi une photo de cet homme. En la regardant j'ai compris que c'était mon père, il n'y avait aucun doute, je lui ressemble… Ma mère n'a jamais parlé de ça, mais j'ai compris soudain bien des choses, pourquoi elle me traitait mieux que mon frère, pourquoi elle me regardait parfois avec une telle tristesse… En même temps j'ai compris que désormais, je détenais le secret de ma mère et que je devais me taire. J'ai rassemblé toutes ces lettres, et les ai soigneusement cachées. Je me sens comme dissociée, accablée par le poids de ce secret, j'ai un peu l'impression d'être une usurpatrice, de mentir. En même temps, j'ai un sentiment de solitude extrême, ma mère a dû ressentir cela bien des fois… »

Justine était venue demander de l'aide pour un problème de timidité, mais rapidement, elle est arrivée à exposer d'autres difficultés. Le poids du secret avait été si lourd dans sa vie, qu'elle s'était peu à peu trouvée dans l'incapacité de s'exprimer calmement et avait développé un intense sentiment de culpabilité. Il s'était écoulé deux ans depuis que Justine avait découvert le secret, sa mère était décédée sans avoir repris connaissance peu après cette révélation. Justine se trouvait alors seule avec cet héritage.

Dans une telle situation, il faut parer au plus pressé, et répondre à la demande. Si Justine a tant de mal à s'exprimer c'est qu'elle redoute quelque chose. Le coach va aider Justine à explorer sa peur, quelles sont les images, les sons, les sensations qui surgissent en elle quand elle se représente dans une situation où elle s'exprime ? En faisant cet exercice, Justine imagine son frère et son père en colère contre elle, ils lui reprochent de les tenir à l'écart, de ne pas leur faire confiance. Pour évaluer les enjeux de la situation, il s'agit de s'interroger sur les conséquences du secret pour identifier précisément ce qu'il empêche de mettre en œuvre. Quand Justine parvient à comprendre toutes ses peurs, elle évalue mieux les enjeux de la situation, elle est capable de prendre une décision réaliste.

---

26 - Les questions à se poser

Que se passerait-il si le « secret » venait à être révélé ?

De quoi ce secret me protège-t-il ?

Qu'est-ce que ce secret m'empêche de faire, de dire… ?

Chapitre 6

Encore plus de problèmes

Bien que les problèmes se manifestent dans plusieurs types de situations, ils illustrent généralement la même thématique, seules changent les variantes. Ainsi, l'imposture, présentée au chapitre précédent, peut-elle créer des difficultés dans la vie sociale, affective, matérielle ainsi que dans les décisions morales. Au-delà de ces observations contextuelles, il nous faut aussi examiner les expressions des problèmes selon qu'ils affectent directement la personne ou bien que celle-ci, par son comportement, cherche à déclencher le problème chez les autres. Ainsi, on peut exiger « toujours plus » de soi-même, mais aussi des autres, il s'agit de la même thématique, mais les effets et l'expression diffèrent. Dans ce chapitre, nous allons observer les différentes expressions de trois problèmes inscrits dans les thématiques suivantes : « toujours plus », « le débordement », « la solitude ».

Toujours plus

Jamais pleinement satisfait, conscient de ses manques et rarement de ses ressources, on cherche naturellement à combler ces vacances en accumulant ce qu'on imagine pouvoir apaiser cette soif inextinguible. La thématique du « toujours plus », du « jamais assez », exige une course sans fin vers un but, qui, une fois atteint ne présente plus aucun intérêt, le suivant a déjà en partie annihilé ses vertus salvatrices.

Toujours plus de « conso »

Les logiques socio-économiques de consommation donnent la priorité à « l'avoir » et non à « l'être », ce qui exclut l'harassante quête de sens.

La « prise de tête » niveau zéro est la valeur fondatrice de cette logique qui apporte une réponse « concrète » à toutes les questions. Il s'agit seulement d'acquérir l'objet adapté. Mais la tranquillité ne dure pas, il faut sans cesse renouveler ces talismans post-modernes et s'engager dans une course infernale à la recherche de l'objet « toujours plus » tendance, porteur de toutes les qualités.

Témoignage

Tina, 26 ans, agent commercial, me demande de l'aider à surmonter un problème qu'elle présente comme une frustration permanente : « Je me sens toujours frustrée, je vis avec une sensation de manque, et je me dis que pour me calmer il me faut toujours plus, toujours mieux, je ne suis jamais satisfaite de ce que j'ai. Quand je vois quelque chose qui me plaît dans une vitrine, ou sur une personne dans la rue ou au resto, il me le faut, c'est impératif, ça m'obsède, je cherche jusqu'à ce que je trouve. Je l'achète, j'éprouve alors une sorte de soulagement, mais ça ne dure pas, au bout de quelques jours, je commence à ne voir que les défauts. Là par exemple, j'ai acheté ces chaussures parce que je les avais vues sur une fille chez un de nos clients, je les ai trouvées superbes, il me les fallait absolument…, je n'ai même pas réfléchi, je savais que ce n'était pas raisonnable, mais je les ai prises quand même, il me les fallait… Aujourd'hui je regrette, je ne sais même plus où je les ai mises, de toutes les façons, j'en ai vu une paire qui me plaît, celles-là, j'en suis sûre, ce seront les bonnes, il me les faut… »

Quand je demande à Tina ce qui arriverait si elle ne se procurait pas ces chaussures, elle répond qu'elle ne pense jamais à cette question. Finalement, elle admet qu'elle est devenue prisonnière de ce problème. « Comment venir à bout de cette frustration ? Je ne me sens jamais contente, il me manque toujours quelque chose... » Je lui explique que son problème « toujours plus de conso » tente de répondre à une autre question plus fondamentale et lui propose d'y réfléchir...

Que signifie pour Tina « toujours plus de conso », que cherche-t-elle vraiment à travers ce comportement ? Que redoute-t-elle ? Le regard de Tina s'assombrit, elle évoque son enfance difficile, la pauvreté, les rivalités avec ses sœurs, ses camarades d'école. Posséder des objets, montrer des signes de prospérité, c'est essentiel dans sa vie, ça la fait exister vraiment. Si elle renonçait à s'entourer de ces objets, Tina aurait le sentiment de disparaître, de ne plus compter, de n'être qu'un grain de sable, et cette perspective lui est intolérable…

Toujours plus d'amour

Les problèmes ressemblent aux multiples images d'un même objet reflété par des miroirs déformants qui ajoutent chacun leur touche personnelle. En observant ces images, on croit avoir affaire à différents objets, mais une observation plus attentive révèle qu'il s'agit en fait du même problème : ses données fondamentales ne changent pas. Mais on peut aussi se représenter le problème comme un oignon dont il faut patiemment ôter toutes les pelures pour atteindre le cœur même de la difficulté. La métaphore la plus précise pour les problèmes serait de se les représenter comme des structures fractales[1], quelle que soit l'échelle, on observe toujours le même agencement de formes.

Ainsi, les conflits d'argent masquent-ils fréquemment une difficulté d'ordre affectif ou sexuel, car il semble moins risqué pour l'amour-propre de placer le problème sur ce terrain au lieu de l'affronter directement. Les thématiques de sacrifice ou de don dissimulent, quant à elles, un ego surdimensionné ou l'autre n'est tolérable que formaté selon ses critères propres…

Témoignage

William, 45 ans, se plaint de l'indifférence de sa femme : « Quand je regarde comment on vit, ça me rend triste. Elle ne m'aime pas, j'en suis sûr à présent. Elle ne pense qu'à elle, ne remarque jamais les efforts que je fais, ni les preuves d'amour que je lui donne ». Il ajoute : « elle se plaint tout le temps que je la harcèle comme elle dit, elle se sent surveillée, elle dit que je suis jaloux. Pourtant, sincèrement

1. Dubois, J. et Chaline, J., *Le monde des fractales : la géométrie cachée de la nature*, Éditions Ellipses, 2006.

je ne cherche pas à l'emprisonner, je veux qu'elle soit heureuse, comment fait-elle pour confondre mon amour avec du harcèlement ? » Je fais alors remarquer à William que si ses preuves d'amour ne sont pas comprises, la réciproque peut aussi exister : il ne perçoit pas l'amour de sa femme. Il précise alors : « Je ne pense pas, moi, je suis passionné, idéaliste, j'estime que je n'ai rien à lui refuser, il n'y a jamais " trop " d'amour, je suis prêt à tout sacrifier pour notre amour. Je dois trop demander, je veux des preuves d'amour tout le temps. Je veux qu'elle me dise qu'elle m'aime... Le dire une fois pour toutes ça m'angoisse, je n'arrive pas à admettre que les sentiments durent quand on ne les exprime pas. »

Comme précédemment, ce problème révèle une peur de manquer. Ici, la « preuve d'amour » tant désirée, idéalisée, correspond à une quête d'attention, faute d'obtenir cette « preuve », William se sent abandonné. Mais ces « preuves » ont la vie brève, il est nécessaire de les renouveler sans cesse, comme si les sentiments s'évanouissaient dès qu'ils n'étaient pas exprimés par des moyens accessibles, compatibles avec le cadre de référence. Plusieurs questions vont aider William à comprendre son problème et le résoudre, il devra notamment explorer le sens de ces « preuves d'amour » : quelles preuves donne-t-il ? Quelles preuves attend-il ? Que se passerait-il s'il ne prodiguait pas ces preuves ? à quoi lui servent-elles ? Que se passe-t-il en lui lorsque sa femme exprime ses sentiments ?

Toujours plus d'exigences

Le même problème s'exprime dans la recherche d'une performance inaccessible, la frustration s'installe en permanente car l'objectif n'est jamais atteint. Une sensation de nullité, d'incapacité face à des objectifs toujours plus difficiles d'accès occupe désormais le champ de conscience. Le « toujours plus d'exigences » fonctionne aussi en tant que modèle relationnel : un parent obsédé par la réussite de son enfant, un coach qui tremble de perdre sa place auprès d'un champion, un enseignant terrifié par l'échec de son élève. Dans ce cas, sous prétexte de stimuler « l'apprenti », le « maître » ne cesse de placer la barre si haut qu'elle le maintient durablement en situation d'échec, et ne joue pas en faveur de l'amélioration des performances.

Témoignage

Clara, une ancienne championne d'escrime, aujourd'hui éducatrice sportive, garde un souvenir amer de ses années de compétition. Elle explique : « D'abord, je suis tombée dans la marmite toute petite car mon père était maître d'armes, il me trouvait très douée, aussi ai-je eu droit à un entraînement " privilégié ". Tout mon temps libre, en dehors de l'école, je le passais à la salle d'armes, ça me passionnait et j'étais très fière, j'admirais mon père, c'était un héros pour moi, alors je faisais le maximum pour être à la hauteur. Toute ma scolarité s'est déroulée dans une classe " sport études ", mais j'avais du mal à suivre le rythme. Je souffrais de partout, dans mon corps parce qu'à l'entraînement, on se fait souvent mal, des coups, des chutes, mais aussi parce que j'étais en pension et que je détestais ça. Quand j'ai commencé à gagner en compétition, tout le monde m'a mis la pression, mon père, l'entraîneur de l'équipe, la directrice du lycée… Un peu bêtement, je croyais qu'après avoir gagné, on me laisserait souffler, c'est tout le contraire qui est arrivé : plus je gagnais, et plus on exigeait que je gagne encore. Un jour, j'ai eu la certitude que je devais arrêter ça, que j'étais en péril… J'étais blessée au genou et il fallait arrêter le sport au moins trois mois, ça a été l'occasion rêvée, en fait je n'ai jamais repris. J'ai plongé dans une sorte de dépression, je ne voulais plus parler à personne, tout le monde croyait que c'était parce que ma carrière était fichue, j'ai pris quinze kilos, je n'arrêtais pas de manger… C'est juste quand j'ai été sûre qu'on ne pourrait plus me renvoyer dans cet enfer, que je suis sortie de cette dépression. J'ai commencé à apprendre à vivre ».

L'exemple de Clara illustre ces situations d'exigences dans lesquelles on se trompe d'objectif. Si elle aimait le sport, elle n'aimait pas la compétition, les efforts qu'elle s'imposait lui servait seulement à correspondre à l'image idéale que son père attendait. La thématique du « toujours plus d'exigences » fonctionne à partir d'un décalage entre ce que l'on est et ce que l'on voudrait donner à voir aux autres… Elle s'observe aussi dans les comportements dits de « jeunisme », les gens n'acceptent pas leur âge et font tout pour l'oublier, mais au fond d'eux-mêmes, ils savent qu'ils se battent pour un objectif inaccessible…

Pour explorer et se libérer de la thématique du « toujours plus », il faudra identifier la croyance qui sous-tend le problème, ses bénéfices, ses conséquences négatives et comprendre les enjeux réels...

---

27 - Les questions à se poser

Que se passerait-il si je n'en faisais pas « toujours plus » ?

Que risquerais-je si je n'en faisais pas « toujours plus » ?

Que penserais-je de moi si je n'en faisais pas « toujours plus » ?

En quoi est-ce si important ? Qu'y a-t-il à gagner ?

Quelles sont les conséquences négatives, pour moi ? Pour les autres ?

Le débordement

Certaines situations semblent avoir le pouvoir de déclencher des cataclysmes émotionnels, des débordements. Les mots qu'on utilise pour décrire le problème évoquent un déferlement, une vague, une tempête ou d'autres phénomènes catastrophiques. Nous allons examiner deux manières assez typiques d'exprimer la problématique du débordement : l'émotion que l'on ne peut contenir, qui s'exprime et s'échappe quoiqu'on fasse, et la tendance qui pousse à déclencher chez les autres des « débordements » qui, dans un second temps permettent de naviguer dans un océan de catastrophes...

Débordement d'émotions

La grande majorité des problèmes se caractérise par le sentiment d'impuissance en face de la situation, ou encore l'impression de perdre le contrôle. Dans les deux cas, on souffre d'une absence de choix et l'on perd la certitude même qu'un choix soit possible.

Témoignage

Lionel, 28 ans, informaticien, n'arrive pas à maîtriser sa colère, il explique : « Cela m'arrive de temps en temps, il y a des choses que je ne supporte pas, ça me met hors de moi. Bon, par exemple, j'ai l'habitude de travailler seul, je sais ce que j'ai à faire, quand je suis en train de travailler, surtout s'il y a des difficultés, il ne faut pas me déranger, sinon je me sens agressé et je me mets en colère, je crie, j'insulte tout le monde, c'est affreux… Je n'y peux rien, c'est un vrai déluge, ça emporte tout, j'ai beau me dire de rester calme, rien n'y fait, c'est plus fort que moi… »

Lionel utilise pleinement la métaphore du débordement, il compare son émotion à une vague qui le submerge et contre laquelle il ne peut lutter, cette colère déferle et se répand autour de lui sans qu'il puisse s'y opposer... Ensuite, il trouve de bonnes raisons pour justifier sa colère : « il sait ce qu'il doit faire, il est conscient de sa compétence, et ne supporte aucune remarque » et attribue son déclenchement à un événement extérieur « quelqu'un est venu le déranger en plein travail ». Lionel n'imagine pas d'alternative à la situation, et une relation de cause à effet s'installe « quand je travaille, il ne faut pas me déranger sinon je me mets en colère ». Ainsi, il a construit une croyance qui contribue à enraciner fortement le comportement de colère et à exclure la possibilité de faire un autre choix.

La thématique du débordement implique aussi une notion de seuil. Jusqu'à ce qu'un certain niveau soit atteint, les émotions sont contenues. Dès l'origine, les émotions sont considérées comme porteuses d'un danger, ce qui justifie de les maintenir « à leur place ». À partir du moment où le seuil est atteint puis dépassé, les émotions s'échappent, elles débordent et se répandent, c'est la catastrophe. Quand la métaphore se déploie pleinement, après la catastrophe, il reste à réparer les dégâts à commencer par sortir de l'épuisement, puis tenter de reconstruire son image vis-à-vis des autres. La colère exprimée envers autrui s'éteint plus vite que celle qu'on éprouve envers soi et à laquelle se mêle une bonne dose de culpabilité.

Déclencher les débordements

Beaucoup de gens croient que l'authenticité d'une personne ne se révèle que dans les situations de crise où un stress intense dirige leurs décisions et leurs comportements. Pour que cette prétendue authenticité apparaisse, il faut donc s'ingénier à pousser les autres dans leurs derniers retranchements. La crise se déclenche et entraîne des débordements, ce qui permet de surfer sur la vague catastrophique, et de se donner l'illusion qu'on vit plus fort ou qu'on est un héros... Les bénéfices cachés sont si importants qu'ils valent la peine de prendre quelque risque. Cette problématique ressemble un peu à la stratégie du « pompier pyromane » qui crée les conditions afin de pouvoir agir en héros...

Témoignage

Lucia est persuadée que Mario, son compagnon, a des problèmes et qu'elle doit lui venir en aide, mais pour ça, il faudrait qu'il s'exprime ou se plaigne. Or, Mario, parle peu surtout quand il s'agit de lui, son orgueil lui interdit de sortir de sa réserve… Lucia raconte : « J'interprétais ses silences comme autant de reproches, mais aussi comme des souffrances qu'il enfouissait au plus profond de lui. Pourtant, cela lui aurait fait du bien d'en parler. S'il ne me parlait pas c'est aussi qu'il n'avait aucune confiance en moi… » Lucia soupire et reprend : « J'ai commencé à épier le moindre de ses gestes et à l'interpréter, s'il montrait un signe d'irritation, je lui expliquais que c'était parce qu'il refusait de regarder en face ses problèmes… Au bout d'un moment, c'était insupportable, il explosait de colère, j'avais gagné ! » J'interroge Lucia : qu'aviez-vous gagné ? « Je pouvais enfin l'aider, le faire parler, l'obliger à tomber le masque… »

Si Lucia parle au passé, c'est que sa stratégie a conduit Mario à la rupture, il avait rêvé d'un havre de paix à partager avec son amie, et pataugeait dans un « pathos » pour le moins harassant. Lucia, de son côté, accumulait les situations de catastrophe : une autre liaison calamiteuse, des problèmes avec sa mère, des difficultés au travail... Au cours de nos entretiens, Lucia a cherché les réponses à plusieurs interrogations. Comment faisait-elle pour savoir ce qui était « bon » pour quelqu'un ? Quels avantages obtenait-elle en déclenchant la catastrophe ? Une fois le cataclysme déclenché, quels étaient les bénéfices réels ? Les conséquences négatives ? Et à qui nuisait un tel scénario ? Lucia avait fondé toute sa vie sur une croyance : son existence n'était justifiée que si et seulement si elle se rendait utile. Cette croyance existe aussi dans les thématiques d'imposture, mais ce qui fait la différence dans le cas de Lucia, c'est qu'elle décide de prendre les choses en main elle-même : si elle ne trouve pas un rôle utile à jouer, elle va s'organiser pour en créer les circonstances...

Les situations calamiteuses, les débordements en tout genre créent des situations qui permettent à Lucia de jouer des rôles « utiles »... Les autres ne sont alors que des prétextes pour mettre en valeur son dévouement, son abnégation, et autant de qualités qu'elle s'efforce d'ajouter à son palmarès...

À savoir

Les problèmes liés à la thématique du débordement incitent à explorer le rapport à soi-même, la représentation des émotions, les croyances qui permettent au problème de se maintenir...

---

28 - Les questions à se poser

Quels sont les comportements que je ne tolère pas, pour les autres, pour moi-même ?

Quelle doit être selon moi la place des émotions ?

Quand est-ce que je me sens le plus authentique ? Le plus vrai, le plus utile ?

La solitude

La plupart des problèmes s'accompagnent d'un sentiment de solitude, qui provient en partie du fait que la souffrance déforme la perception de soi, le champ de conscience se trouve alors totalement ou presque occupé par le problème, ce qui rend la communication avec autrui très difficile...

Il ne s'agit pas ici de ce sentiment de solitude qui est un effet secondaire du problème mais bien davantage des difficultés qu'engendre la thématique de la solitude. Schématiquement, plus nous nous plaçons au centre du monde et plus nous risquons de rencontrer ce type de problème...

« Personne ne me comprend »

La thématique de la solitude conduit la personne à exprimer de tels jugements, elle se sent isolée parce que son expérience est unique, impossible à communiquer, pourtant, tous les signes de comportement expriment un désir de capter l'attention ou d'entrer en contact avec les autres.

Témoignage

Hippolyte, 28 ans, est désespéré, il vient de recevoir la énième lettre qui lui répond que son manuscrit est refusé. Il y a mis toute son énergie dans ce premier roman, très largement autobiographique, et voilà que cela n'intéresse « personne »... Du coup, il se sent mal dans son travail de prof, mal vis-à-vis de ses collègues, de son amie. Il explique : « J'ai dû me montrer désagréable avec eux pendant des mois, je m'isolais pour écrire, le soir après mon travail. Quelque part, ils m'enviaient, tout le monde a envie d'écrire, mais combien y arrivent ? Et une fois que le manuscrit est prêt il faut encore qu'il soit accepté. Ce qu'on écrit avec son cœur, n'est pas forcément ce qui plaît sur le marché, ça je le sais, mais là, je me sens horriblement mal. Ces refus s'empilent et à chaque fois, c'est comme si on me disait que je suis un minable, que je n'ai pas à vouloir entrer dans la cour des grands... » Hippolyte soupire, et reprend : « Aujourd'hui, je sais que c'est fini pour ce livre, j'ai un peu l'impression que les autres sont contents de me voir échouer, je rentre dans le rang. Pourtant, au fond de moi, je sais que je ne suis pas fait pour ça, je suis différent, personne ne peut comprendre... »

Hippolyte exprime sa souffrance face à une double incompréhension, d'une part son entourage relationnel qu'il soupçonne de jubiler sournoisement de le voir échouer dans son projet, d'autre part, celle des gens qui rejettent son projet. Il tente de relativiser, il se tient des discours rassurants, mais, au fond, l'échec le déstabilise profondément et renforce son sentiment de solitude.

Hippolyte pense que pour résoudre sa difficulté il doit se demander comment faire pour ne pas se sentir seul quand il se sait différent. Pourtant, même si la question est intéressante, ce n'est pas ainsi qu'il pourra se libérer de la problématique. Si la « machine à problème » fonctionne, c'est grâce à l'amalgame entre différence et solitude. En effet, dans l'expérience d'Hippolyte, ces deux mots ont été liés par une relation de causalité (je me sens seul parce que je me sais différent), qui les rend à peu près équivalents.

Les comportements d'Hippolyte indiquent cependant un désir de communiquer : il a dit à son entourage qu'il écrivait un livre et n'a jamais manqué de le rappeler, en s'isolant pour travailler, en refusant des sorties ou des réunions... Il veut attirer l'attention de son entourage, le fait d'écrire un livre matérialise sa différence, tout le monde ne peut pas faire une telle chose, même s'il en rêve secrètement. L'échec de son projet ramène Hippolyte à une réalité qu'il refuse, il n'accepte pas d'être « comme tout le monde », de « rentrer dans le rang »... Les tentatives d'Hippolyte pour se singulariser et exprimer sa différence sont-elles vraiment adaptées à ses buts ? Doit-il nécessairement prendre le risque de perdre la face pour affirmer sa différence ? Et surtout « comment sait-il qu'il est différent ? »

Tous semblables

Le sentiment de solitude s'enracine dans la représentation de soi ; dans l'exemple précédent, Hippolyte est le centre du monde, il se perçoit en différence vis-à-vis des autres, organise ses comportements pour souligner cette différence, et se retrouve souvent dans une posture « seul contre tous ». Mais on peut aussi se sentir terriblement seul quand on se perçoit comme un grain de sable perdu au milieu d'un océan de grains de sable, tous semblables. Pour peu qu'on croie que sa propre expérience est valable pour les autres, voilà que démarre une nouvelle machine à générer les problèmes.

Témoignage

Giuliana, soixante deux ans, est une dame élégante, jeune retraitée dynamique, elle n'a pas le temps de s'ennuyer… Elle a eu trois filles qui, comme elle, ont réussi dans leur vie professionnelle, l'une est médecin, la deuxième avocate, la petite dernière est professeur de mathématiques. Giuliana se plaint d'être privée de ses petits-enfants, notamment de ceux de son aînée, elle explique : « C'est inimaginable, après tout ce que j'ai fait pour ma fille, elle a la cruauté de me priver de ma petite-fille. Elle oublie que c'est moi qui l'ai élevée, pour ainsi dire, elle finissait ses études, elle vivait seule, c'est moi qui ai assumé toutes ses responsabilités… J'ai de l'expérience, j'ai élevé mes trois filles, je sais m'y prendre avec les enfants. Ma fille aînée, j'ai l'impression qu'elle cherche à défaire tout ce que je fais. Quand je m'occupais de la petite, c'est moi qui l'habillais, je faisais toutes les courses, j'ai décoré la chambre, choisi les meubles, j'ai refait les peintures, je leur avais fait un joli appartement, et bien, j'ai appris par mon autre fille qu'elle avait tout changé… Cela me désole, je me sens horriblement seule… »
Giuliana explique aussi qu'elle ne comprend pas pourquoi ses filles refusent son aide tout en l'acceptant en partie : « Elles sont toujours d'accord pour me présenter des factures, mais si je débarque pour les aider à mettre de l'ordre, voilà qu'elles me jettent, il paraît que je suis pire qu'un dictateur… »

Giuliana se sent rejetée, désavouée, ses bonnes intentions ne sont pas comprises, pourtant, elle est persuadée que son expérience est irremplaçable, elle aurait tant voulu que sa mère prenne soin d'elle qu'elle inflige à ses filles le traitement de faveur qu'elle n'a jamais eu. Mais cela ne marche pas, les filles de Giuliana ne peuvent dire « non » à une si gentille maman, mais elles ne peuvent pas non plus accepter qu'elle gère « au mieux » leur vie… Giuliana refuse d'admettre que sa propre expérience n'a d'utilité que pour elle, que les choses changent, que les nouvelles générations sont différentes. Elle continue d'appliquer les modèles qu'elle utilisait pour ses enfants. Pour mettre fin à ce sentiment d'isolement, de rejet, il lui faut réfléchir à la réciprocité : elle sait parfaitement ce qu'elle peut apporter à ses enfants, mais n'a aucune idée de ce qu'elle doit apprendre d'eux, ce qui revient à dénier leur existence. C'est ce déni qui conduit les filles de Giuliana à éviter leur omnisciente maman...

À savoir

Les problèmes liés à la solitude reflètent fidèlement le rapport aux autres, la manière dont on gère les relations avec l'entourage, l'expérience que l'on fait prévaloir.

---

29 - Les questions à se poser

Comment sais-je ce que les autres attendent de moi ?

Comment sais-je ce qu'ils pensent de moi ?

En quoi est-ce que je me sens différent ou semblable aux autres ?

Comment sais-je ce qui est « bon » ou « bien » pour une autre personne ?

Est-ce semblable pour moi ?

Partie III

Exprimer sa créativité

Libérer sa créativité : toutes les solutions et les ressources existent en soi ; le travail de développement personnel peut les révéler et nous aider à les utiliser. Il s'agit seulement de prendre conscience des différentes facettes de notre personnalité, de comprendre comment leurs qualités spécifiques peuvent nous aider à résoudre nos difficultés. Bien des questions demandent qu'on y réponde : quelle place accorder à l'intuition, à l'imagination ? Dans quelles situations ? Quelles sont les limites de la créativité ? Un projet de vie solide a d'abord été rêvé, nous ne devons pas nous interdire de le réaliser, et la confrontation des rêves avec le réel permet de mieux ajuster nos objectifs. Le parcours de coaching doit aider à prendre conscience de sa créativité et à l'utiliser pour soutenir nos buts...

Se réconcilier avec ses émotions : notre sensibilité est un atout majeur, or, le plus souvent, nous croyons être plus forts quand nous la combattons et la condamnons au silence. Les émotions sont porteuses de messages que nous devons comprendre afin de nous adapter au mieux quelle que soit la situation. Quand on refuse de les accueillir et de les comprendre, nos facultés d'adaptation se réduisent et notre intelligence est mutilée.

Chapitre 7

Réveiller l'imagination !

« L'imagination dispose de tout ; elle fait la beauté, la justice, et le bonheur, qui est le tout du monde. »

Blaise Pascal, *Pensées.*

Nous créons notre réalité

Quand nous donnons du sens à ce que nous vivons, nous créons une réalité, et quand ce sens est partagé par un grand nombre de gens, nous avons tendance à croire que ce sens est la réalité, en fait, il se contente de représenter une perception du réel. Certains philosophes pensent même que le réel n'existe que dans notre perception, ici, nous n'envisageons que les réalités psychologiques, c'est-à-dire le sens de nos expériences...

Imaginez un instant une plage ensoleillée, bordée de palmiers doucement agités par une brise légère, le bruit des vagues... Vous êtes au paradis ? Rien n'est moins sûr ! Tout dépend du sens que vous donnez à la situation. Toutefois, on imagine que tout le monde partage sa réalité, aime les plages ensoleillées, les vacances, les plaisirs de la table et le sexe... Mieux encore, une croyance fort répandue cherche à faire admettre que l'opinion de la majorité fait force de loi et contraint donc à « faire comme tout le monde... ». Dans un monde qui bannit l'originalité, il devient de plus en plus difficile d'exprimer sa créativité. Pourtant, l'expérience montre que l'imagination est une clé indispensable à l'épanouissement personnel : elle permet de se donner des buts, et de se préparer à les atteindre ; nos forces motrices que sont l'intelligence et le désir s'éteindraient s'il leur était interdit d'imaginer...

Changer la perspective

Dans les chapitres précédents, nous avons déjà eu recours à des changements de perspective, notamment en pratiquant la technique des postures de perception. Pour approfondir cette exploration, nous allons faire appel à des « filtres cognitifs ». Si vous participez à une réunion en vous demandant sans arrêt quelle heure il est, cette interrogation agit comme un filtre : vous allez sans doute trouver que les autres participants sont trop bavards, que votre temps de parole va vous échapper, ou d'autres considérations. Pendant ce temps-là, ce sont d'autres informations qui vous échappent comme les enjeux de chacun, leurs intentions, ce que vous gagnez ou perdez dans la situation, et bien d'autres choses encore.

Il existe d'autres filtres cognitifs qui permettent d'élargir notre perspective sur une situation. Le choix et l'emploi d'un filtre serait alors le premier degré de l'imagination, par la suite, rien n'interdit de changer de filtre quand bon nous semble, puis de fabriquer nos propres filtres.

■ Action

Observer ou participer à une situation en utilisant un filtre « action », oriente l'attention sur les événements, les processus. Quand on regarde un film, ou lit un livre avec ce filtre, cela empêche de prêter attention aux descriptions, au paysage, aux émotions des gens. Dans beaucoup de circonstances, le filtre « action » peut rendre de nombreux services, notamment chaque fois que nous voulons éviter de souffrir en regardant une personne ou en observant une situation. Le filtre « action » est également utile quand on accomplit une performance sportive, ou tout autre tâche qui demande beaucoup de concentration. Ce filtre cognitif tend à souligner des faits concrets, observables, des comportements que l'on peut accomplir ou imaginer pour se libérer d'une situation difficile… Pour l'utiliser de manière créative, on pourra associer le filtre « action » aux postures de perception et ainsi porter toute son attention sur ce qui se déroule dans la situation.

À savoir

Le filtre cognitif « action » concentre l'attention sur les faits, les processus et les comportements. Il atténue les émotions, et ne retient que les informations pertinentes pour agir. Il est fortement ancré dans le présent.

---

30 - Les questions à se poser

Que se passe-t-il ?

Comment ça marche ?

Que va-t-il arriver ?

Quels sont les comportements que j'observe ?

■ Relation

Le filtre « relation » souligne la dimension affective de la situation, l'attention se porte sur ce qui est ressenti et sur les liens entre les participants. L'empathie, la compréhension, le partage sont facilités par l'emploi du filtre « relation », de même pour la perception de soi et des autres car il suscite l'interrogation « qui ? ». La préoccupation majeure c'est la personne, ce qu'elle ressent, ce qu'elle dit, ce qu'elle pense et comment elle se relie au monde. Le filtre « relation » permet de ressentir le climat de l'interaction, comme les émotions de chacun. On comprend facilement l'intérêt de ce filtre quand il s'agit de venir en aide aux autres, de conseiller ou de compatir. Il s'avère cependant inadapté s'il déclenche des émotions dont l'intensité est telle qu'elle empêche de prendre une décision, ou d'agir pour sortir de la situation.

À savoir

Le filtre cognitif « relation » focalise l'attention sur les personnes, les sentiments, les émotions et la nature de l'interaction.

31 - Les questions à se poser

Qui est impliqué ?

Qui sont ces personnes ?

Quels sont leurs messages ? Leurs intentions ?

Qu'est-ce que je ressens dans cette relation ?

Information

Le filtre cognitif « information » est très intéressant car il offre la possibilité de concentrer son attention sur ce qu'on apprend dans une situation donnée. Beaucoup de problèmes se caractérisent par l'apparition de situations dans lesquelles on croit tout connaître, pourtant, un examen plus attentif, plus orienté par la recherche d'information prouve facilement qu'il y a toujours quelque chose à découvrir, même là où on s'y attend le moins. Le filtre « information » change radicalement la perspective, un détail qui semble sans importance se révèle soudain être un indice important, d'autres s'imposent alors qu'on les ignorait auparavant. Mais son principal avantage est de chasser ce qu'on pourrait appeler les émotions ou les pensées « parasites » qui perturbent la concentration ou altèrent l'objectivité.

À savoir

Le filtre « information » privilégie la collecte de données, leur classement selon leur pertinence, et l'élaboration d'un sens.

32 - Les questions à se poser

Qu'est-ce que j'apprends dans cette situation?

Quelles informations me sont-elles utiles ? Superflues ?

Quel est le sens de cette situation ?

Quelles questions restent-elles sans réponse ?

Exercice 6
Identifier et utiliser les filtres cognitifs pour comprendre une situation

Vous cherchez une place sur un parking, et au moment où il s'en libère une, vous décidez de la prendre. Vous êtes en train de garer votre voiture, mais vous faites une petite erreur d'appréciation et vous heurtez le véhicule à côté...

Voici une situation qui peut arriver à chacun, examinez-là en utilisant successivement les filtres cognitifs « action », « relation » et « information » et imaginez la suite de l'incident. En quoi le filtre utilisé, change-t-il la suite de cet incident ?

Changer le cadre

À savoir

Toute situation se situe dans un cadre de temps et de lieu, et implique des « choses ». Ce terme fort imprécis désigne ici des éléments mesurables objectivement et subjectivement : objets réels présents dans tout environnement social, et objets pouvant servir de monnaie d'échange, y compris l'argent. Si vous évaluez une expérience en disant : « j'ai perdu mon temps ! », vous présupposez l'existence d'un échange, d'un marché, le temps que vous avez investi dans l'expérience ne vous a rien apporté, c'est pourquoi vous avez l'impression de vous être fait « avoir »...

Sans changer le moindre détail à la situation, on peut en modifier considérablement le sens et l'impact en concentrant l'attention sur l'un des éléments qui en forment le cadre.

■ Le temps

Le temps joue un rôle très important dans beaucoup de problèmes. J'ai évoqué au chapitre précédent certaines thématiques comme le « toujours plus ». Le temps est peut-être l'acteur principal dans les problèmes organisés selon la logique du « toujours plus ». En effet, le problème ne peut avoir lieu que dans l'urgence du présent, il n'a aucun sens dans le passé ou dans le futur. C'est parce que le présent domine la situation que le problème peut s'installer durablement.

Le cadre de temps attire aussi l'attention sur la perception subjective du temps : longtemps, toujours, jamais, trop vite... Les rythmes, les cycles et les âges de la vie font aussi partie de ce cadre. Enfin, il est utile de s'interroger sur les éventuels décalages dans le temps comme le fait d'être en retard, ou d'avoir l'apparence et les comportements jugés « normaux » en regard de l'âge...

À savoir

Le filtre « temps » permet donc de situer le problème dans différents cadres de temps : passé, présent, futur, de déterminer lequel prédomine, d'imaginer le déroulement des choses, leur évolution, les futurs qu'on désire et ceux qu'on préfère éviter...

---

33 - Les questions à se poser

Quel est le rôle du temps dans cette situation ?

Aujourd'hui, quels problèmes se posent-ils ?

Demain, comment les choses peuvent-elles évoluer ?

Qu'est-ce que je veux pour demain ?

Le lieu

Où la situation se déroule-t-elle ? Le lieu exerce-t-il une influence sur la situation? Le problème est-il directement ou indirectement en rapport avec lui ? Bien d'autres questions surgissent quand il s'agit d'explorer le rôle du lieu : son impact sur notre ressenti, notre humeur. Quand le problème semble étroitement lié à l'endroit où il se déroule, il est possible de dresser la liste des éléments qui le déclenchent, le maintiennent ou permettent d'en sortir. Certaines peurs irrationnelles ne se produisent qu'en des lieux bien précis; un sentiment de confiance ou de bien-être tient parfois juste à quelques détails présents dans l'environnement.

À savoir

Le filtre « lieu » permet de focaliser l'attention sur l'environnement de la situation, ce qui le compose, ce qui déclenche le problème ou apaise le sentiment de malaise.

34 - Les questions à se poser

Quel est le rôle du lieu dans cette situation ?

Ici, quels problèmes se posent-ils ?

Se poseraient-ils ailleurs, ou bien se déplacent-ils quel que soit le lieu ?

Que faudrait-il changer dans ce lieu ?

Les choses

Dans chaque expérience, il existe des éléments tangibles qu'on peut manipuler, compter, classer, identifier, ranger, échanger. Ici, nous les désignons sous le nom de « choses ».

C'est un filtre cognitif qui permet aussi de quantifier et d'évaluer au sens propre comme au figuré les événements qui se déroulent dans une situation. Les métaphores marchandes ou comptables sont si fréquentes dans le langage de la vie quotidienne, qu'on n'y prête plus attention, pourtant, si on les emploie cela veut dire qu'elles nous semblent appropriées pour décrire ce que l'on ressent. Par exemple, si vous dites : « il est temps de faire un bilan de notre relation » ou « je n'ai rien à perdre dans cette affaire », ou bien encore « il a des comptes à me rendre ! », vous comparez votre expérience à des opérations comptables ou marchandes. L'important, c'est d'abord de prendre conscience du filtre que l'on utilise pour se repérer ou évaluer une situation.

À savoir

Le filtre « choses » donne accès à une perspective marchande ou comptable d'une situation.

35 - Les questions à se poser

Qu'est-ce que j'apporte concrètement dans cette situation ?

Qu'est-ce que je crains de perdre ?

Qu'est-ce que je veux gagner ?

Qu'est-ce que je peux échanger, contre quoi ?

Exercice 7
Comment le temps et le lieu influencent notre interprétation d'une situation

Imaginez que vous surprenez un(e) de vos ami(e)s en train de séduire votre « chéri (e) ». Vous ne dites rien, mais quand vous vous retrouvez seul(e) avec lui/elle vous lui reprochez son attitude, il/elle nie et vous accuse d'être jaloux(se), et de voir le « mal » partout. Le ton monte et une dispute éclate... Depuis il/elle vous évite. Vous aimeriez que les choses se calment, mais vous ne savez pas quoi faire...
Examinez cette situation en utilisant les filtres « temps », « lieu » et « choses », mais aussi les précédents « action » « relation » « information » et décidez de la suite.

La visualisation, outil de créativité

> *« La plupart des gens regardent les choses comme elles sont et se disent : pourquoi ? Moi, je regarde les choses comme elles pourraient être et je me demande : pourquoi pas ? »*
>
> John Fitzgerald Kennedy

Les projets naissent d'une idée, d'un désir, d'une conversation ou de tout autre expérience, mais leur réalisation commence par une image. Elle surgit en nous pour donner corps à l'idée, nous allons la modeler jusqu'à ce que s'impose la nécessité de passer à l'action concrète. Au cours du processus même de la réalisation, nous allons continuer de visualiser notamment pour comparer entre ce que l'on fait et ce dont on a rêvé. Le passage à la réalisation concrète change la perspective, pose des questions inattendues ou fait apparaître des difficultés et sollicite à nouveau notre imagination pour trouver des solutions.

Visualiser mentalement

« Ils peuvent le faire car ils croient qu'ils peuvent. » Le poète latin Virgile (Ier siècle av. J.-C.) évoque ainsi le mythique Enée, fils d'Aphrodite, rescapé de la guerre de Troie, qui avec quelques autres prend la fuite et affronte avec courage de nombreux dangers avant de fonder Rome... L'entreprise semblait impossible, mais le héros se voyait vainqueur...

Toutes nos activités font appel à des représentations sensorielles, qu'il s'agisse de mémoriser des informations, de planifier un emploi du temps, ou de résoudre un problème. Parmi celles-ci, la visualisation présente beaucoup d'avantages, c'est une aptitude naturelle, présente en chacun de nous, qui permet d'imaginer des objectifs, d'anticiper un danger, de jubiler à l'avance en préparant une fête... Les images que l'on évoque ou que l'on construit mentalement permettent de tracer une voie vers un but, de définir des étapes et de visualiser le résultat accompli. le succès d'un projet renforce la motivation, c'est pourquoi le développement personnel et le coaching font souvent appel à la visualisation.

Témoignage

L'imagination peut aussi nous jouer des tours, comme pour Edgar qui a beaucoup de mal à aller au cinéma. Il explique : « Quand je suis dans une salle de cinéma, je me sens horriblement mal à l'aise, je n'ai bientôt plus qu'une seule idée, fuir au plus vite. » Je lui demande ce qui se passe en lui, il précise : « J'ai peur de me mettre à hurler, à insulter les gens, à pleurer... Enfin j'ai peur d'avoir des comportements excessifs et de ne plus me contrôler. Je vois ça dans ma tête et mon malaise augmente. »

En réalité, Edgar n'a peur ni du cinéma, ni des gens, seulement d'une image qui se forme en lui et où il se voit perdre le contrôle. Edgar est venu rapidement à bout de cette difficulté par un travail de visualisation. Il a d'abord intégré à cette image, la porte de sortie immédiatement accessible qui lui permettait de prendre rapidement la fuite au cas où il en aurait ressenti la nécessité. Cette sécurité étant bien établie, il a pu orienter son attention sur le spectacle et non sur le cadre du spectacle...

La visualisation peut aussi nous aider à prendre des décisions plus rapides. Beaucoup de gens s'installent interminablement dans l'hésitation. Que se passe-t-il dans ce processus ? Les informations se succèdent dans le dialogue intérieur sans qu'il soit possible d'établir une hiérarchie de priorités, chaque exemple est suivi d'un contre-exemple. En réalité, il y a bien une activité de représentation mentale, mais elle n'est pas aboutie, et pose plus de questions qu'elle n'en résout.

Témoignage

Agnès se plaint d'avoir beaucoup de mal à choisir, et cela quel que soit le choix à faire : « Mon problème, explique Agnès, c'est que je n'arrive pas à prendre des décisions rapidement, il faut sans arrêt que je me répète les choix dont je dispose. Par exemple, la semaine dernière, je devais aller au restaurant avec une amie, mais je n'arrêtais pas de trouver des bonnes raisons pour éviter tel ou tel endroit… Elle a fini par me dire, bon, on n'a qu'à se faire livrer une pizza ! Elle avait raison, ça m'a fait honte… » J'ai alors suggéré à Agnès de sélectionner trois restaurants qui pouvaient convenir et de s'imaginer en compagnie de son amie, avec le décor, les gens, le service, la carte… Puis, je lui ai demandé de comparer ces trois images pour savoir laquelle retenait sa préférence. Agnès m'a répondu : « Au départ, je ne croyais pas que ça pouvait marcher, mais bon, pourquoi ne pas essayer ? J'ai donc pris ce restaurant où je vais de temps en temps, j'ai choisi ma table, mon menu, je me voyais avec Sophie, on a plaisanté avec le serveur, il y avait une très bonne ambiance… Je n'ai même pas pris le temps de visualiser les autres possibilités, c'était la bonne. Au final, on a passé une soirée très sympa… »

Bien que les images mentales soient une extraordinaire ressource de créativité, elles ne sont pas systématiquement utilisées en ce sens. Un peu d'entraînement est parfois nécessaire pour stimuler cette aptitude naturelle.

Exercice 8
Visualiser pour créer

- Images évoquées : Pensez à un moment très agréable que vous avez vécu et imaginez une photographie de ces instants. Retrouvez tous les détails, le cadre où l'expérience se déroule, le temps qu'il fait, les personnes présentes, les sons, les couleurs, les sensations, et tout ce qui rend cette expérience véritablement agréable...
- Images construites : Pensez à un projet qui vous tient à cœur et imaginez que vous l'avez réalisé et qu'une photo a été prise à cet instant. Décrivez la scène, tout ce qui est présent, ce que vous voyez, entendez, les sensations que vous éprouvez.
- Assemblages : Imaginez une maison « idéale »... Comment la voyez-vous ? Imaginez-la comme une maquette, avec l'environnement, le jardin, les autres maisons, les villages, les routes... Imaginez-la grandeur nature, l'extérieur, l'intérieur.

Visualiser avec des schémas

Une représentation mentale n'est pas toujours facile à décrire et donc encore moins à partager. Pour communiquer une information de façon claire, un schéma peut être très utile. Il n'est absolument pas nécessaire de savoir dessiner pour réaliser une représentation graphique explicite. Par exemple, pour matérialiser une marche à suivre ou un parcours vers un objectif, on utilise une simple ligne fléchée avec des points qui représentent le départ, l'arrivée, et les principales étapes. La technique des schémas heuristiques de Tony Buzan[1] présente de multiples avantages.

La forme la plus simple consiste à poser le sujet à propos duquel on veut réfléchir, puis ajouter les éléments qui s'y relient à la manière d'une arborescence. Ainsi, on obtient une représentation graphique simple mais réaliste d'un point de vue structurel. Grâce à des codes de couleurs, il est ensuite possible de classer les éléments selon leur pertinence ou leur appartenance à une catégorie.

1. Buzan, T., *Dessine-moi l'intelligence : guide d'accès à la dynamique mentale*, Éditions d'Organisation, 1995.

Le schéma ci-dessous illustre les « bonnes résolutions » en quelques points. La flèche indique une progression vers un résultat et de part et d'autre de celle-ci, les moyens à mettre en œuvre pour y arriver.

Le théâtre mental

Le parcours de coaching arrive à une étape essentielle : nous avons appris à énoncer les difficultés, définir des objectifs, prendre de la distance vis-à-vis des problèmes grâce à des processus d'interrogation et de réflexion. Maintenant, il s'agit de dynamiser la créativité afin de préparer un cadre optimal pour l'action.

En repérant le thème de vie et les problèmes typiques qu'il peut engendrer, nous avons rencontré des scénarios répétitifs. Ceux-ci peuvent être comparés à des pièces de théâtre, dont l'intrigue est constante et qui aboutissent toujours aux mêmes résultats non désirés. Le travail de coaching nous permet à présent de viser d'autres résultats : intéressants, agréables, gratifiants, qui stimulent et valorisent nos qualités.

Soyez l'auteur de votre projet

Inutile de se leurrer, les buts que nous pouvons atteindre nous concernent directement et dépendent entièrement de nous. Pour commencer, nous devons éliminer tous les objectifs dont la maîtrise nous échappe ou appartient à d'autres personnes. Par exemple, il est inutile de lutter contre le temps qu'il fait, le temps qui passe, ou le temps nécessaire pour accomplir certains processus. Ce qui dépend de nous c'est par exemple d'adopter une hygiène de vie, ou d'apprendre la patience, d'organiser ses projets. Ce genre d'objectif n'exige qu'un engagement personnel...

Ceci étant admis, rêvons et imaginons que nous sommes auteurs d'une pièce de théâtre. Cette mission s'est présentée tout naturellement dès l'instant où nous avons acquis la certitude que nous pouvions surmonter nos difficultés.

Témoignage

Lucia, 26 ans, violoniste raconte : « J'ai commencé le violon à l'âge de cinq ans, ma mère était professeur de musique, et cela me semblait tout naturel. Très tôt j'ai eu le désir intense de jouer dans un grand orchestre. Quand j'étais au Conservatoire, tout allait bien, je n'avais pas le « trac », je savais que les professeurs étaient exigeants et je trouvais cela normal. Mais, tout a changé quand je me suis présentée à des concours… J'étais terrifiée et incapable de sortir une note. Cela m'a fait un choc, un moment j'ai vraiment douté, je ne savais pas comment m'en sortir. Je suis venue à bout de ce problème en préparant minutieusement mes auditions. Je construisais la scène, je me voyais arriver, je regardais le public, le jury, je me voyais prendre mon violon, jouer. Toutes les difficultés et toutes les nuances du morceau, je les connaissais, je les avais répétées à la fois avec mon professeur et dans mon « théâtre mental ». Il y a eu un concours pour recruter plusieurs musiciens dans un grand orchestre, quand je m'y suis présentée, je n'ai pas eu le trac, j'ai joué comme je l'avais décidé et préparé. Tout s'est déroulé comme dans un rêve. J'ai eu le poste dont je rêvais… »

Lucia a joué pleinement son rôle d'auteur, elle ne s'est pas contentée d'apprendre son morceau, mais elle a préparé et imaginé l'ensemble de la situation. Elle me confie qu'elle avait travaillé le moindre détail, chaque fois qu'un obstacle était prévisible, elle l'avait repéré et imaginé plusieurs solutions. Lucia avait demandé l'aide de son professeur pour tous les aspects techniques et musicaux, et celle de son coach pour le reste. Ce travail de construction présente beaucoup d'avantages car il permet d'éliminer une grande partie des « imprévus » qui sont en majorité responsables du trac et plus globalement de la perte de confiance en soi.

S'il suffisait de limiter les « imprévus » ce serait facile, et souvent le coaching pourrait s'arrêter là, il faut pourtant aller plus loin pour devenir pleinement l'auteur de la pièce. C'est encore une fois une affaire d'équilibre entre nos forces motrices : intelligence et désir. La première nous guide pour débusquer les obstacles et trouver les moyens de les résoudre, la seconde est indispensable pour imaginer un déroulement optimal, donner l'élan et la cohérence de l'ensemble. C'est le désir en effet qui soutient et stimule la motivation sans laquelle il serait impossible d'atteindre le but.

Pour construire un scénario solide, il faut que l'objectif soit clairement défini, qu'il soit intensément désiré pour soi-même et non pour faire plaisir à qui que ce soit, et que son accomplissement relève en grande partie de sa propre responsabilité ; ensuite, on définit une ligne de temps sur laquelle on échelonne les différentes étapes, les obstacles possibles et les moyens de les surmonter.

Devenez le réalisateur de votre projet

Les difficultés s'accompagnent généralement d'un manque de communication et de cohérence entre les différentes facettes de notre personnalité. C'est le cas lorsque l'on se trouve devant un choix difficile, que l'on veut atteindre un but et que surgissent sans cesse de nouveaux obstacles, ou encore que l'on s'efforce de répondre aux attentes parfois contradictoires de deux personnes. Ceci conduit à un conflit intérieur que les techniques de théâtre mental vont permettre de travailler. Les acteurs de cette pièce, ce sont les différentes facettes de soi, ou bien les possibilités entre lesquelles il faut choisir. Pour que le conflit se résolve et aboutisse à un résultat gagnant-gagnant, il faut que chaque partie s'exprime, et qu'une médiation puisse être mise en œuvre.

Témoignage

Fabio, 36 ans, cadre, raconte une difficile prise de décision : « L'année dernière, la société dans laquelle je travaille m'a proposé un poste avec plus de responsabilités et une meilleure rémunération, mais, il fallait déménager. J'ai demandé quelques jours de réflexion. Quand j'ai annoncé la nouvelle à Laura, ma compagne, ça a été le drame, elle refusait obstinément de déménager, elle disait qu'elle ne pourrait jamais quitter cet endroit où elle a sa famille, ses copines. Pourtant, au niveau professionnel, cela ne posait pas de problème car elle a une activité en télétravail, nous n'avons pas d'enfant, je ne voyais pas bien pourquoi elle s'opposait à ce qu'on bouge. Elle a fini par me faire une sorte de chantage. J'étais vraiment mal, j'ai pensé qu'elle cherchait la rupture, on s'enlisait dans les disputes, on finissait par s'épuiser, ça n'aboutissait à rien. Je suis allé voir le coach de mon patron, je lui ai expliqué mon problème et il a accepté de m'aider. Il m'a suggéré de visualiser chaque possibilité. J'ai donc imaginé deux images de moi, mais dans deux ans, l'une avait accepté le poste, réussi à convaincre Laura, qui au final se plaisait beaucoup mieux dans son nouveau cadre. L'autre image de moi avait refusé le poste et s'installait peu à peu dans la routine, avec un horizon professionnel de plus en plus réduit. Ça m'a fait du bien parce qu'après j'étais vraiment sûr de ce que je voulais, j'ai trouvé les bons arguments pour discuter avec Laura : avoir une maison à nous, plus de loisirs, plus de moyens… Elle a accepté et ne le regrette pas. »

Fabio explique aussi que, s'il restait dans le cadre du présent, il n'arrivait pas à visualiser les deux possibilités distinctement. Le coach lui a conseillé de changer le cadre du temps et d'imaginer cela dans un futur proche, puis plus lointain. Cela a permis à Fabio de se recentrer vis-à-vis de son plan de carrière, il savait qu'il arrivait à un tournant crucial et qu'il devait nécessairement évoluer. En fait, il s'est rendu compte que s'il refusait la promotion à l'intérieur de l'entreprise, il serait parti chercher ailleurs, quitte à prendre le risque de se retrouver sans emploi… C'est ce sentiment d'urgence et de nécessité qu'il a su ensuite expliquer à Laura et qui lui a permis de la convaincre.

La technique de théâtre mental, réalisateur du projet, s'applique essentiellement à résoudre des conflits intérieurs et des problèmes relationnels. Dans le cas de Fabio, il s'agit de deux, voire trois possibilités. D'une manière générale, face à un problème, il est presque toujours possible de sérier les différents choix et leurs oppositions et on pose au départ que toutes ces possibilités peuvent exprimer une intention positive. Ensuite, on va mettre à l'épreuve le scénario du projet. Ce qu'on a voulu ou décidé ne s'accorde pas nécessairement avec d'autres éléments. Par exemple, beaucoup de gens choisissent des modèles de vie puis s'aperçoivent qu'ils ne sont pas à l'aise dans ce cadre… Quelquefois l'intention positive d'une habitude se révèle négative à plus longue échéance. Ce travail répond à des questions telles que « qu'arrivera-t-il si je continue ainsi ? », « que se passera-t-il si je fais ce choix ? »… Répondre avec précision et exactitude à ces questions facilite la tâche suivante : choisir l'option qui reflète au mieux ce que l'on attend de soi. Cela peut à première vue sembler égoïste ou trop centré sur soi, mais aucun choix ne dure et n'apporte de satisfaction s'il ne nous renvoie pas une image positive de soi. Si quelqu'un affirme qu'il s'est « sacrifié » pour une autre personne, ce sacrifice lui a nécessairement apporté une haute estime de soi, entre autres bénéfices secondaires. Si on cherche à résoudre un conflit, il est indispensable d'arriver à un accord où aucun parti ne sera lésée au profit de l'autre.

Exercice 9
Rétablir un dialogue constructif avec soi-même

Identifiez les différentes parties impliquées dans le conflit.
Visualisez chaque partie dans son évolution, et établissez un dialogue entre elles.
Choisissez l'alternative qui correspond le mieux à ce que vous exigez de vous-même.

Chapitre 8

Les limites : repères ou blocages ?

« Celui qui reconnaît consciemment ses limites est le plus proche de la perfection. »

Goethe

Notre champ d'action se définit à l'intérieur de frontières plus ou moins rigides : ce sont nos limites. Selon la période de notre vie, elles vont évoluer vers un élargissement ou au contraire vers un repli. La grande majorité des problèmes se traduit par une réduction notable du champ d'action, un rempart de peurs et de croyances empêche alors toute initiative libératrice. Le simple fait d'oser regarder au-delà de ces murs représente en soi un risque, on préfère endurer une situation insatisfaisante mais relativement prévisible plutôt que de s'en libérer pour un futur, par définition, difficile voire impossible à prévoir. Les stratégies du coaching visent à mettre en évidence les limites, mais à mon avis, cela ne suffit pas, il faut arriver à discerner celles qui nous servent de repères et celles qui constituent des blocages. Ce sont souvent les mêmes, puisqu'un même thème de vie peut conduire à l'épanouissement de soi, ou bien produire des « machines à problèmes ».

Les limites comme des repères de soi

Il existe à n'en pas douter une limite minimale qu'on semble trop souvent ignorer : l'intention positive. Certes, il s'agit d'une croyance principalement fondée sur l'idée qu'un être humain vivant et en bonne santé a plutôt tendance à assurer sa survie qu'à s'autodétruire. Cette croyance implique un certain nombre de limites qui, selon leur développement et l'équilibre entre elles, joueront un rôle de repères ou de blocages.

Le respect de soi

Chaque fois que nous avons le sentiment de faire quelque chose qui ne nous ressemble pas, qui nous menace, ou provoque un sentiment de culpabilité ou de honte, il y a une transgression du respect de soi. Quand on prend une décision « pour faire plaisir », mais qui contraint à jouer un rôle dans lequel on se sent mal à l'aise, on se manque de respect. Oser dire « non » ou défendre son point de vue, même s'il n'est pas majoritaire signifie que l'on est conscient de ses repères, de ses valeurs fondatrices et qu'on choisit de les respecter. Les philosophes hédonistes comme Démocrite ou Épicure avaient très bien compris cette notion.

À savoir

Épicure pratiquait une véritable organisation de ses plaisirs, rejetant le superflu pour n'accorder de valeur qu'à l'essentiel et en tirer le maximum de bienfaits ; sa réflexion l'a conduit à définir certaines idées importantes dont les principes restent utiles aujourd'hui. Le respect de soi se conçoit comme une voie vers la sérénité :

« Justement parce qu'il est le bien premier et né avec notre nature, nous ne bondissons pas sur n'importe quel plaisir : il existe beaucoup de plaisirs auxquels nous ne nous arrêtons pas, lorsqu'ils impliquent pour nous une avalanche de difficultés. Nous considérons bien des douleurs comme préférables à des plaisirs, dès lors qu'un plaisir pour nous plus grand doit suivre des souffrances longtemps endurées. Ainsi tout plaisir, par nature, a le bien pour intime parent, sans pour autant devoir être cueilli. Symétriquement, toute espèce de douleur est un mal, sans que toutes les douleurs soient à fuir obligatoirement. C'est à travers la confrontation et l'analyse des avantages et désavantages qu'il convient de se décider à ce propos. À certains moments, nous réagissons au bien selon les cas comme à un mal, ou inversement au mal comme à un bien. »

Quand il écrit ces mots, Épicure donne une place primordiale à une sorte d'économie ou d'écologie, l'être humain est naturellement orienté vers la quête du plaisir mais, doté de la faculté de juger, il lui faut apprendre à choisir pour rester sur la voie d'une vie épanouie...

Le respect de soi s'acquiert et se cultive à partir d'expériences de référence au cours desquelles on apprend à savoir qui on est par rapport à son entourage, ce que l'on attend des autres et ce qu'ils attendent ou exigent de soi. Quand la représentation de soi est dévalorisée, cela entraîne des comportements d'irrespect envers soi, des plus véniels jusqu'à la maltraitance de son propre corps. Épicure enseigne des préceptes de prudence, afin de jouir de la vie le plus longtemps possible. Dans cette perspective, on se doit d'éviter les excès et d'une manière générale les comportements dont les conséquences nuiraient à la voie de l'épanouissement. Il ne s'agit pas d'un discours moralisateur, mais d'une philosophie pratique, dans laquelle on est pleinement acteur de son présent et de son futur...

Témoignage

Nadia et Cyrille vivent ensemble depuis trois ans, mais Nadia se sent mal à l'aise dans sa relation avec son ami car elle le trouve trop exigeant ; elle cède à toutes ses demandes car elle a peur de le perdre, mais elle a honte de son attitude et cela ne fait qu'accroître son malaise. Nadia précise : « Il a son mot à dire sur tout, par exemple, sur la façon dont je m'habille. Si je l'écoutais, je serais toujours en minijupe, avec des pulls moulants ou très décolletés. C'est un grand sujet de dispute entre nous, j'ai l'impression de me promener toute nue, il ne m'écoute pas si je lui dis que cela me choque. Il se moque de moi. Je finis par céder et mettre le pull ou la minijupe quand il est là, je m'empresse de les ôter quand il a le dos tourné. Je me méprise... » Nadia poursuit : « Je l'aime malgré tout, j'ai peur de le perdre, j'accepte tout, et après je m'en veux, je me dis aussi que cela ne sert à rien, s'il ne tient pas compte de ce que je lui dis, cela veut dire que je ne compte pas pour lui. Il ne me respecte pas... »

En réalité, c'est Nadia qui franchit les limites du respect de soi. Bien qu'elle soit autonome au niveau socio-professionnel, Nadia se considère comme dépendante et soumise sur le plan affectif. Lorsqu'elle présente l'objectif pour son parcours de coaching, elle affirme vouloir apprendre à oser dire « non ». Dans cette perspective, la première étape a été d'apprendre à se connaître, découvrir ses valeurs fondatrices et son thème de vie de façon à en placer les limites positives comme autant de repères destinés à affirmer la légitimité de ses attentes face à la vie et à son couple. Enfin, le respect de soi rejoint celui des autres, par la qualité d'attention et la prudence des évaluations que l'on porte. En effet, ce repère doit aider à comprendre que l'on ne peut pas évaluer les autres, ce que l'on évalue en réalité, c'est sa propre perception. Par contre, le respect de soi favorise l'auto-évaluation, pièce maîtresse d'un coaching bien compris.

À savoir

Le respect de soi permet d'inscrire ses choix et ses comportements dans une perspective d'équilibre et d'épanouissement.

La responsabilité

Puissant repère positif, la responsabilité dessine les contours du champ d'action. Être responsable, c'est assumer les conséquences de ses choix et de ses actes, ce qui incite à y réfléchir avant. Pourtant, beaucoup de gens commencent par agir guidés par une compulsion à satisfaire immédiatement leurs envies, ce n'est qu'ensuite qu'ils rationalisent et cherchent à justifier leur choix. L'achat compulsif illustre particulièrement bien la transgression du repère de responsabilité. La personne découvre un objet quelconque et l'investit d'un pouvoir démesuré ; en l'acquérant, elle sait qu'elle apaisera l'immense insatisfaction qui l'habite. Au moment de l'achat, les conséquences qui engagent la responsabilité sont occultées au profit de la satisfaction de posséder l'objet.

Tous les choix ont des conséquences positives et négatives, si on adopte un animal de compagnie, il offre sa présence et répond à un besoin affectif, mais il est nécessaire de lui prodiguer du temps et de l'attention. Sortir le chien, changer la litière du chat, nourrir le cochon d'Inde deviennent pour certains de pénibles corvées ou des inconvénients majeurs.

Le repère de responsabilité stimule la projection dans le futur : qu'arrivera-t-il demain, après-demain, dans un mois, dans un an ? Ma décision entraîne-t-elle des conséquences à plus long terme ? Ce repère participe du charisme car, s'il est respecté, il accroît la crédibilité, la personne devient alors plus digne de confiance, ses avis et conseils sont écoutés et demandés.

Pour que le repère de responsabilité soit un véritable atout et non une lourde entrave, il s'agit d'apprendre à définir l'étendue de son territoire. Un parcours de coaching réussi doit à un moment ou à un autre soulever la question de la responsabilité. En effet, beaucoup de gens souffrent parce qu'ils s'imaginent responsables d'une infinité de désagréments ou de problèmes, alors qu'en réalité, il s'agit de faits qui ne font pas partie de leur rayon d'influence. En général, nous ne sommes pas directement responsables des problèmes psychologiques des autres, bien que, dans une large mesure ce soit une donnée communément admise dans de nombreuses cultures.

Témoignage

Sarah, 52 ans, s'engage dans un parcours de coaching car elle cède facilement à l'inquiétude, notamment à propos de son fils Lionel, âgé de 30 ans. Elle explique : « Je sais qu'il est un adulte, mais je me sens responsable de lui, par exemple, il y a quelques années, il a connu une femme dont il est tombé amoureux. Au début, j'étais ravie, mais, j'ai vite compris que cette femme ne cherchait qu'à l'exploiter. Mon fils est généreux, altruiste, il ne sait rien refuser à ceux qu'il aime, elle le manipule comme elle veut. Je ne peux pas laisser faire les choses. Tout cela est un peu de ma faute, je ne l'ai probablement pas préparé à se défendre tout seul. Parfois, je sens bien que ma présence n'est pas appréciée, mais c'est plus fort que moi, il faut que je le voie, vous comprenez, jusqu'à mon dernier souffle, je veux le protéger… »

Le sens des responsabilité de Sarah occupe un vaste territoire et l'autorise à faire irruption dans la vie privée de son fils. Quand une mère a mis ses enfants au centre de sa vie jusqu'à justifier sa propre existence par la leur, son sentiment de responsabilité contamine des espaces qui devraient leur appartenir : affection, amour, gestion matérielle de « l'enfant » devenu depuis longtemps adulte. Nous sommes responsables des jeunes enfants, mais lorsque le cercle de référence s'élargit, que le jeune passe de la cellule familiale à l'environnement social, les influences se diversifient. Le parent n'est pas responsable si son enfant rentre de l'école avec un vocabulaire peu conforme à un idéal de « bonne éducation », par contre, il incombe au parent d'expliquer que certaines façons de parler ne sont pas adaptées à la maison, et qu'il convient de les réserver à la cour de récré...

Si la responsabilité occupe un territoire trop vaste, elle se confond avec une volonté d'exercer un pouvoir personnel. Plus on se sent responsable et plus on a le sentiment d'exister, on se prend pour quelqu'un d'important, voire d'indispensable. Si la responsabilité est au contraire très réduite, cela reflète souvent un manque de reconnaissance et de respect de soi. Par exemple, quand on fait des promesses que l'on se hâte ensuite d'oublier cela traduit un certain mépris de ses responsabilités, mais surtout un manque de respect de soi et des autres.

À savoir

Le repère de responsabilité renvoie donc à l'étendue du champ d'action, au territoire relationnel, et met l'accent sur le futur. Il permet de se situer vis-à-vis des autres et de réguler l'équilibre des relations.

Les limites comme des blocages de soi

« Le chemin de la sagesse ou de la liberté est un chemin qui mène au centre de son propre être. »

Mircea Eliade

Le respect de soi comme la responsabilité représentent des repères utiles qui permettent de naviguer sur une voie d'épanouissement, ils nous protègent des dérives et nous guident vers des découvertes enrichissantes. Il existe d'autres repères qui cette fois agissent comme des entraves à notre développement. Le sentiment d'incapacité ou d'impuissance et la fuite des responsabilités forment les obstacles les plus fréquents.

Quand on se sent tout petit

Les projets qui n'aboutissement pas, les paroles qui ne sont pas suivies d'effet, une grande partie des promesses non tenues, reflètent un profond sentiment d'impuissance face à des réalités dont le poids semble démesurément surestimé. Comment expliquer sinon que certains affrontent avec succès ces mêmes réalités et font aboutir leurs projets ? Même si on admet l'influence des déterminismes socio-culturels, cela n'explique pas tout. Le repère d'incapacité ou d'impuissance réduit considérablement les possibilités d'expression, d'action, et soumet toute décision à une évaluation en termes de difficulté et non d'intérêt. Certains objectifs exigent un investissement important, du temps, de l'attention, une réorganisation des priorités, mais cela ne fait obstacle que si le repère d'incapacité prédomine.

Témoignage

Romain, 15 ans, rêve de piloter un avion ; il s'inscrit donc à un enseignement pour préparer un concours en vue d'obtenir une bourse qui financera les leçons et les heures de vol… Romain raconte : « J'ai vite compris que je n'allais pas y arriver, c'était trop dur. Les cours étaient le mercredi après-midi, mon seul jour libre de la semaine, le prof n'était pas sympa, il y avait tout le temps des détails qui n'allaient pas, toute cette théorie, ça finissait pas me prendre la tête. Au bout d'un mois, j'ai séché les cours, puis j'ai arrêté, c'était trop difficile, pas marrant. »

Dans son récit, Romain accumule les bonnes raisons qui l'ont conduit à abandonner ; il attribue son renoncement à l'ensemble des contraintes et des exigences. Il affirme avoir compris très vite qu'il n'allait pas y arriver. Il a privilégié les inconvénients dans son évaluation, et il semble que l'exigence et la minutie de l'instructeur ait été mal vécue. Le bonheur de prendre son envol n'a jamais été évoqué.

Le sentiment d'incapacité, d'impuissance en face des événements empêche de prendre des risques, et permet d'endosser un rôle de victime. Beaucoup de problèmes relationnels gravitent autour de cette limite, notamment quand on préfère subir des inconvénients connus plutôt que risquer des ennuis supposés pires.

Témoignage

Marine baisse les bras devant sa fille Estelle, 15 ans. Elle explique : « Je ne peux rien lui dire sans qu'elle se mette à crier, à menacer, elle raconte à toutes ses copines que je suis méchante, que je la prive de tout, que sais-je ? Maintenant, elle sort et rentre quand elle veut, à n'importe quelle heure, je fais semblant de ne rien remarquer, j'ai honte, mais je reconnais que ses cris me sont insupportables, je me sens incapable de lui tenir tête… »

Marine précise qu'elle se sent comme immobilisée, l'idée d'entendre les cris et les reproches de sa fille augmente encore ce sentiment d'impuissance qui la conduit à faire le choix d'éviter les heurts. Elle décrit la situation comme si elle était au pied d'une montagne immense dont elle ne voit pas le sommet.

Le sentiment d'impuissance conduit à chercher une protection dans la fuite ou la dissimulation. Dans le premier témoignage, Romain s'enfuit au plus vite, dans le second, Marine dissimule son désarroi, dans les deux cas, il s'agit de choix d'évitement. Dans un parcours de coaching, nous devrons apprendre à faire face à des situations qui, d'ordinaire, conduisent à un sentiment d'impuissance.

« Ne vous mettez pas en avant, mais ne restez pas en arrière. » On n'arrivera à mettre en application ce proverbe chinois qu'en atteignant l'équilibre entre le sentiment d'impuissance et celui d'omnipotence !

Vivre en cage sans voir les barreaux

Les limites les plus contraignantes sont aussi les moins visibles, ainsi, beaucoup de difficultés sont directement liées à des blocages qui demeurent non dits, ou non identifiés. Ces limites n'apparaissent pas d'emblée, mais se manifestent au travers des difficultés que l'on rencontre, ainsi que dans certaines des contraintes que l'on s'impose

En apprenant à se connaître, à identifier ses valeurs fondatrices, son thème de vie, les thématiques de ses problèmes les plus fréquents, on peut identifier les limites invisibles. Tout se passe en effet comme si l'on vivait dans une cage sans toutefois en être conscient car nous ne voyons pas les barreaux. Ces limites restreignent nos possibilités d'action et de choix, elles maintiennent dans des frontières étroites et interdisent la conquête d'un plus vaste territoire. Ainsi, lorsque l'on souffre de l'influence de ces limites, on se sent comme « à l'étroit », ou « étouffé », en tout cas contraint à ne pas s'exprimer ou à réprimer sans cesse ses désirs et ses rêves.

Beaucoup de gens aimeraient s'engager dans un parcours vertueux comme une hygiène de vie incluant sport et diététique mais aussi, abstinence ou interdit jeté sur certaines habitudes : consommer des boissons alcoolisées, fumer, boire du café, conduire vite... Un tel engagement conduit inévitablement à rencontrer des frustrations et des sentiments de culpabilité révélateurs de la transgression d'une limite demeurée jusqu'alors secrète.

Témoignage

Gwenaëlle, 40 ans, confie ses difficultés, elle se dit « mal dans sa peau » et cherche désespérément une méthode qui pourrait l'aider à sortir de cet état. « Je me sens mal, j'ai quelques kilos à perdre, mais je n'y arrive pas, ou alors, c'est au prix de privations et de toute manière, je reprends très vite. D'ailleurs, même quand je suis plus mince, je ne me sens pas si bien en réalité, j'ai toujours l'impression d'être coincée… » Je demande alors à Gwenaëlle de me décrire ce qui se passe en elle quand elle se sent mal dans sa peau. Elle me répond qu'elle se dit toujours « non ». Son dialogue intérieur lui donne sans cesse des ordres négatifs : « ne touche pas à ça », « oublie ce gâteau, tu n'y as pas droit… », « ne prends pas cette route, tu risques de faire des excès de vitesse et il y a des radars », « cette robe, ce n'est pas pour toi », « arrête de rêver »… Gwenaëlle se gronde toute seule à longueur de temps. Je lui ai donc suggéré de réévaluer la validité de tous ces ordres et de n'observer que ceux compatibles avec ses véritables valeurs fondatrices…

Ces limites invisibles résultent aussi de la tendance à prendre des habitudes et à les suivre sans les remettre en question de temps en temps. Les routines ou les habitudes deviennent bientôt des contraintes auxquelles il est difficile d'échapper. Le traditionnel repas de famille au cours duquel on doit s'efforcer de jouer son rôle de parent, d'enfant, de frère, de sœur, de conjoint, alors qu'on aimerait mieux passer la journée à autre chose. L'habituel appel téléphonique que l'on s'astreint à passer faute de quoi l'autre s'inquiéterait ou ferait d'amers reproches... La propension à entrer dans des routines constitue déjà une limite en soi. Les limites visibles et invisibles jouent un rôle protecteur : elles permettent de se protéger d'un risque, qu'il soit ou non réel. En contrepartie, ces limites ont une action restrictive et c'est quand leur influence se fait trop pesante que l'on prend conscience du malaise.

À savoir

D'une façon très générale, on trouve des limites chaque fois qu'on identifie un choix ou un comportement par défaut, c'est-à-dire quelque chose que l'on fait non pas pour atteindre un but désiré, mais pour éviter une conséquence négative ou une autre complication.

Redéfinir nos limites ?

Le but d'un coaching bien compris est d'accroître l'autonomie de la personne, en l'aidant à prendre conscience de ses talents, de ses valeurs et de ses limites. La mission du coach est temporaire et le plus souvent ponctuelle, les problèmes qui lui sont confiés doivent trouver des solutions réalistes, solidement enracinées dans l'expérience même de la personne. Redéfinir les limites représente donc une phase importante du parcours. Un sentiment d'enfermement caractérise nombre de difficultés, il résulte d'une restriction des choix et il traduit l'existence d'une barrière, souvent cachée, qui fait obstacle au changement ou plus simplement à l'aboutissement d'un projet.

Certaines frontières devront être renforcées tandis que d'autres bénéficieront d'un aménagement.

Renforcer nos défenses

Dans certaines difficultés, notamment celles qui s'inscrivent dans une thématique de débordement, le sentiment de se trouver vulnérable et sans défense doit inciter à évaluer l'efficacité de la protection. Si le bien-être moral comme physique ne peut s'assimiler à une absence de sensations et de sentiments, apprendre à se défendre contre les éléments qui menacent l'équilibre s'avère souvent indispensable. En apparence, nous pouvons croire qu'il existe une incompatibilité entre certaines valeurs : être « disponible » ou « à l'écoute » ne signifie pas qu'on puisse nous interrompre à tout instant. Les exemples abondent dans lesquels nous croyons bien faire pour ressembler à notre moi idéal, mais finalement nous agissons au détriment de nous-mêmes, ce qui revient à ne tenir aucun compte du respect de soi. Dire oui à tout, accorder trop de pouvoir ou trop de confiance à une autre personne, adopter sans réserve le parti pris ou l'opinion d'un autre sont autant d'attitudes qui mettent en lumière un manque dans nos défenses. La véritable confiance ne peut naître que dans la réciprocité, personne n'a de pouvoir sur les autres, sauf à exercer une réelle manipulation ou coercition, le seul pouvoir c'est celui auquel on accepte de se soumettre, le véritable respect des opinions ce n'est pas de prendre celles des autres comme siennes, mais de les reconnaître sans que les unes portent tort aux autres.

Témoignage

Bérénice, 25 ans, jubile. Après un parcours universitaire « sans faute » elle vient de trouver un emploi qui correspond à sa formation. Pourtant, quelques mois plus tard, elle éprouve un malaise constant qu'elle met sur le compte du stress, elle explique : « On travaille sur un nouveau produit, mon équipe est en train de mettre au point la présentation, je suis chargée de définir l'identité commerciale de ce produit, or, j'ai le sentiment que le chef de projet est en train de se tromper. Quand il demande l'avis de son équipe, on sent très bien qu'il ne supporte pas la contradiction. Alors je dis comme lui, mais je me sens mal. J'ai peur de m'opposer et j'ai encore plus peur de ce qui pourrait arriver si je m'opposais, je suis coincée, je ne sais plus quoi faire. » Je demande à Bérénice ce qu'elle ressent, elle précise : « Je me sens complètement fragile, j'en viens à me demander si je suis vraiment faite pour prendre des responsabilités… »

Le problème de Bérénice est bien là en effet, jusqu'à aujourd'hui elle n'a fait ses preuves que dans le rôle de bonne élève, faisant entièrement confiance à ses profs, déterminée à remplir au mieux sa tâche. Bérénice n'a pas appris l'autonomie, elle n'ose jamais faire valoir son avis ou sa perception des choses, partant du principe que celle du « chef » est meilleure que la sienne. La situation qu'elle traverse la déstabilise donc profondément car elle remet en cause son attitude au travail.

Le travail de coaching a consisté à examiner plus précisément ses peurs et à renforcer le sentiment de confiance en soi. Au départ, Bérénice a fait des choix par défaut, elle a pris le risque de déplaire mais a osé émettre quelques remarques personnelles. Le risque d'un échec professionnel était plus effrayant que les états d'âme d'un chef susceptible. Contrairement à ce qu'elle redoutait, cette attitude a été bien acceptée, et rapidement encouragée.

D'une façon très générale, le sentiment de vulnérabilité comme la tendance à valoriser les avis d'un autre au détriment des siens, reflètent un manque de confiance en soi. Une des premières choses à apprendre c'est qu'il faut savoir exister aux yeux des autres sans chercher systématiquement à être aimé ou à plaire. Ensuite qu'il y a toujours une manière positive de présenter les choses. Les suggestions ou les remarques judicieuses seront toujours les bienvenues, par contre, mieux vaut bannir le dénigrement du travail ou des idées d'autrui.

Renforcer ses défenses, c'est aussi apprendre à reconnaître à partir de quand on se sent envahi ou décalé, faute de quoi, on se retrouve en train de se rallier à des avis différents du sien ou à des positions contradictoires qu'il sera ensuite difficile de gérer.

Dans les cas de « débordements », le renforcement des défenses passe également par l'identification d'un seuil, et de signes annonciateurs, ce sont autant d'éléments qui participent du même objectif : être réellement acteur de sa vie.

À savoir

Renforcer ses défenses ne signifie pas qu'on doive se barricader au risque de s'isoler, il s'agit seulement de protéger son intégrité et demeurer décideur de soi.

Avoir plus de choix

Les problèmes qui donnent le sentiment d'être privé de choix révèlent l'existence d'une barrière ou d'un obstacle qu'il est presque toujours possible de négocier. La restriction des choix est généralement admise dans certaines situations de la vie, notamment, beaucoup de gens croient qu'en prenant de l'âge ils ont « moins » de choix, qu'en adoptant des habitudes, ils excluent certaines possibilités mais gagnent en sécurité ou en tranquillité. Une métaphore très présente consiste à comparer la vie à une route qui offre de moins en moins de carrefours tout en devenant de plus en plus étroite en se rapprochant de sa fin. Je préfère la métaphore de l'arbre qui au fil de sa croissance s'enrichit de nouveaux rameaux qui agrandissent son territoire en se déployant.

Chaque instant que nous vivons est différent de l'instant précédent, aussi pouvons-nous apprendre tout au long de notre vie. On découvre en permanence de nouvelles informations même dans des choses que l'on croit déjà connaître.

Témoignage

Habib, 65 ans, avocat, veut prendre sa retraite, mais il hésite et m'explique ses doutes : « Quand je m'imagine en retraite, je me sens mal, ça veut dire que je suis vieux, mais pourtant, je n'ai pas vu le temps passer, je suis fier de mon parcours, j'ai accompli ce dont je rêvais quand j'étais enfant, mes parents m'ont soutenu et encouragé… Je regarde surtout le passé parce que j'ai peur du lendemain, j'ai peur de m'ennuyer surtout, de rester isolé. Je sais, ça vous semble bizarre, je devrais être content et me dire que je vais enfin pouvoir faire des choses que je n'ai jamais eu le temps de faire. Je vais vous confier une chose, je ne ressens pas du tout ça, la seule chose qui m'a passionné c'est mon métier, et là, plus le temps passe, plus l'échéance approche, moins je sais ce que peux faire. Je n'ai finalement pas le choix… »

Le problème d'Habib, c'est qu'il ressent son départ en retraite comme une mise à l'écart qu'il ne peut éviter par « manque de choix ». Il va pourtant trouver une solution à laquelle il n'avait pas pensé et qui lui permettra de continuer à exercer son métier tout en étant « retraité ». D'abord, il s'est libéré de l'urgence d'une décision, il n'est pas obligé de partir en retraite le jour même de son anniversaire, il peut prendre son temps pour préparer cette transition. L'expression « prendre son temps » l'interpelle, je lui demande alors : « Dans l'idéal, comment aimeriez-vous exercer votre métier ? ». Il réfléchit, un nouveau projet de vie est-il en train de se dessiner ? Et si le départ en retraite était une opportunité plutôt qu'une fatalité ? Il ne s'agit pas de contredire ou d'apporter des contre-exemples mais bien plus de susciter un processus de réflexion en sollicitant les forces motrices d'intelligence et de désir. La retraite va apporter à Habib quelque chose qui lui a souvent manqué : prendre son temps, encore faut-il utiliser ce temps de façon positive. Il est toujours possible de se servir de ses compétences et de son expérience à travers l'engagement associatif, le bénévolat, la vie citoyenne… De nombreuses pistes s'ouvrent, une autre manière de se rendre utile et de donner du sens à sa vie…

D'une manière générale, pour élargir les possibilités de choix, il convient d'abord de se donner les conditions nécessaires. La question du temps est primordiale. Prendre une décision dans l'urgence ou prendre le temps de réfléchir avant change tout, à commencer par le nombre de choix et la nature même de ceux-ci. Ensuite, il s'agit de lever des obstacles, non pas en s'y attaquant de front, mais en suscitant un questionnement qui remette en cause leur légitimité. La question décisive est celle qui fait apparaître le blocage du processus de choix : « qu'est-ce qui me limite ? ». Le fil conducteur de cette recherche reste d'élargir les possibilités, il faut donc aussi prendre un peu de hauteur par rapport à la situation afin de comprendre quels sont ses enjeux essentiels. Les nouvelles pistes apparaissent ensuite... Tout naturellement.

Chapitre 9

Apprivoiser l'intuition

L'intuition passe pour irrationnelle, difficile à cerner, impossible à maîtriser, qualités qui conduisent les personnes se croyant sensées à la rejeter au profit de la logique. Malheureusement la logique ne suffit pas à résoudre un problème, par exemple, connaître la cause d'une difficulté ne représente pas en soi une solution. Si vous avez une déception sentimentale, ce n'est pas la logique qui va vous consoler, tout au plus peut-elle apporter de « bonnes raisons » pour justifier une décision ou expliquer la situation. L'amitié, l'humour, la qualité de l'attention, l'empathie d'un proche, ou une nouvelle conquête allègent beaucoup mieux les peines de cœur qu'une logique froide et impersonnelle, fut-elle imparable... Dans un parcours de coaching , les solutions aux difficultés font appel à l'intelligence et au désir : la logique, les sentiments, les émotions, les ressentis s'associent pour nous guider vers l'issue du problème. Les domaines de l'expérience qui ne relèvent pas d'une logique mathématique ou formelle, n'ont cependant rien d'irrationnel. C'est notre ignorance qui les confine dans un rôle mystérieux et parfois menaçant. Je vous propose d'explorer les émotions et d'en faire vos alliées...

Apprendre à accueillir ses émotions

Nous savons que l'intelligence possède de multiples expressions, et la notion d'intelligence émotionnelle[1] fait désormais partie des outils descriptifs des comportements et des ressentis. Les travaux sur la communication humaine ont largement utilisé l'idée de la transmission d'information entre un « émetteur » et un « récepteur ». Cette approche

1. Goleman, D., *L'intelligence émotionnelle*, Éditions J'ai Lu, 2003.

simpliste présentait de sérieuses limites car elle ne prenait en compte que le langage, supposé sinon le meilleur véhicule de l'information du moins le plus valorisé. Puis, la communication a peu à peu intégré d'autres signes, notamment le langage non verbal (postures, gestes, rythmes...) et para-verbal (onomatopées, accents et divers « hum »...). Le comportement dans la communication forme un ensemble qui est perçu à la fois en termes d'information et de relation. Schématiquement, l'information serait contenue dans le langage, et tous les autres signes traduiraient quant à eux la qualité de la relation.

Les travaux du chercheur en psychologie Paul Eckman ont les premiers révélé l'importance des émotions dans la communication humaine et animale (en cela, ils s'inscrivaient dans le sillage de Charles Darwin).

Une bonne part des problèmes confiés au coach ont un lien direct avec les émotions : thématique du débordement, stress, manque ou perte de confiance en soi. Les émotions ont beau avoir le vent en poupe actuellement, puisqu'il faut « faire ce que l'on sent » et « sentir ce que l'on fait », le modèle de l'impassibilité revisité à la mode « zen », apparaît encore aux yeux de beaucoup comme une référence sinon un idéal. Les émotions semblent admises à condition qu'elles restent discrètes et ne révèlent pas nos intentions secrètes ou jugées incorrectes. Si votre chef vous fait des reproches et que cela vous met en colère, vous vous efforcez de masquer ce ressenti, ou de l'exprimer d'une manière qui ne vous attirera pas trop d'ennuis. Cette émotion représente un signal fort qui permet de concentrer son énergie vers une cible unique, nous comprenons ce message mais si l'expression de la colère est jugée inappropriée dans le contexte, nous choisissons de ne pas la manifester. Nous appelons cela « maîtriser l'émotion ». Plus elle apparaît puissante ou menaçante, et plus cette « maîtrise » nous rend héroïques.

On peut aussi considérer les choses autrement afin d'éviter de se mettre tout seul dans une situation de conflit avec soi-même, et utiliser nos émotions comme des alliées et non des ennemies.

Identifier l'émotion par le ressenti

À chaque instant de notre vie, nous éprouvons des émotions, ce sont des états internes qui s'expriment dans nos comportements. Lorsque le comportement reflète parfaitement l'état interne, la communication gagne en clarté, en lisibilité. Nos comportements transmettent une information à propos de notre état interne, nos interlocuteurs peuvent la percevoir et lui donner du sens. Les problèmes débutent quand nous ne savons pas reconnaître ce que nous ressentons, ce qui caractérise notre état interne. Il est faux de croire qu'on se sent « bien » parce qu'on ne sent « rien ». L'absence de sensations, de sentiments, de perceptions désagréables n'équivaut pas à un ressenti de bien-être... Il ne sert à rien d'essayer de se connecter mentalement sur un état interne de béatitude quand la situation en cours requiert une forte envie de gagner, comme c'est le cas lors d'une compétition sportive. Au cours de l'effort, l'idéal est d'arriver à chasser tout ce qui pourrait « parasiter » la performance et non d'endormir la vigilance ...

Pour identifier l'émotion, nous retenons quatre critères : le rythme, le temps, la comparaison, l'organisation de l'attention entre soi et les autres.

■ Le rythme de l'émotion

Il s'agit d'un rythme subjectif situé dans le ressenti, qui s'exprime dans le comportement.

Exercice 10
Apprendre à connaître et accepter ses émotions : leurs caractéristiques

Pensez à une chanson ou à une musique triste et imaginez la personne qui éprouve cette tristesse. Le rythme de la musique reflète fidèlement celui de l'émotion. Pourrait-on utiliser cette musique pour exprimer de la colère ou de l'allégresse ? En écoutant cette musique, décelez-vous des ruptures de rythme ? Au contraire, trouvez-vous que le rythme toujours constant soutient une mélodie un peu répétitive ?

Quand on se sent triste en effet, le temps subjectif devient très uniforme et semble aller un peu au ralenti. Les moments de tristesse s'éternisent et nous piègent dans une expérience où rien ne semble évoluer vers une issue favorable.

■ Le temps

L'émotion est-elle en relation avec le présent, le passé ou le futur ? La nostalgie ou le regret prennent naissance dans le passé tandis que la peur ou l'anxiété se nourrit de possibilités futures ; la joie pour sa part appartient au présent.

■ La comparaison

Certaines émotions se maintiennent grâce à une comparaison, c'est notamment le cas de la jalousie. On éprouve de la jalousie si l'on se compare à un(e) rival(e) réel(le) ou imaginaire. La comparaison s'exprime avec une interrogation: « qu'est-ce qu'il (elle) a de plus ou de mieux que moi ? Mais aucune réponse rassurante ne vient calmer la souffrance qui résulte de la comparaison. Ainsi la jalousie se maintient-elle solidement.

■ L'organisation de l'attention

La distinction entre soi et les autres caractérise la plupart des émotions. On peut s'apitoyer sur son propre sort comme sur celui des autres, se réjouir pour soi-même ou pour une autre personne. Certaines émotions cependant sont exclusivement orientées vers soi comme le repli, la solitude, le plaisir, alors que d'autres comme la bienveillance, l'amour, ou le soupçon ne sont possibles que par l'existence d'une autre personne.

Des sensations physiques accompagnent l'émotion, elles sont parfois très présentes et occupent une grande partie de l'attention comme nous l'avons observé dans la thématique du débordement (partie II, chapitre 6).

Enfin, les méta-sensations, ou émotions secondaires, participent à la caractérisation du ressenti. Par exemple, quelqu'un qui éprouve de la jalousie et ressent en même temps de la honte effectue par celle-ci une évaluation de sa jalousie.

Nommer l'émotion

Les scientifiques reconnaissent généralement l'existence de cinq émotions fondamentales : la joie, la peur, la tristesse, la colère et le dégoût. Celles-ci se manifestent par des signes, notamment, l'expression du visage, qui semblent universellement compris comme le montre Paul Eckman. Comme l'état interne varie en fonction des informations issues de l'environnement et de l'interprétation qu'on en fait, il existe de subtiles nuances que le vocabulaire traduit avec plus ou moins de précision. Nos émotions reflètent notre ressenti de la situation en cours ; elles jouent un rôle d'évaluation et d'adaptation qui nous aide à trouver les réponses les plus appropriées pourvu qu'elles soient clairement identifiées.

Nommer l'émotion représente une étape décisive. Imaginons un instant que nous ne sachions reconnaître que deux états internes : « je me sens bien » et « je ne me sens pas bien », en théorie, nous ne pourrions exprimer que deux réponses plus ou moins adaptées à la situation. Quand nous disposons d'une vaste palette d'émotions toute notre créativité peut alors s'exprimer, notre intuition se libère. La clé réside dans la qualité d'attention ; trop souvent, nous traitons par le mépris ce que nous croyons bien connaître : soi-même. Le respect de soi commence par la connaissance de soi, aucune émotion ne doit être traitée par le mépris, ni évaluée de façon péjorative mais au contraire, mérite d'être accueillie et comprise. Ce n'est pas parce que l'on éprouve des émotions dont l'expression serait inappropriée que nous commettons une faute, mais quand nous oublions de réfléchir aux conséquences de nos décisions et de nos actes... L'émotion n'est pas coupable, elle demande seulement un peu d'attention.

Donner un nom à ce que l'on ressent permet aussi de prendre une certaine distance. Quand il s'agit d'émotions désagréables soit par le ressenti soit par l'évaluation subjective, le fait de les nommer aide à s'en libérer.

Exercice 11
Apprendre à établir de subtiles nuances entre les émotions

Choisissez trois émotions qui dérivent d'une des cinq émotions fondamentales. Par exemple, la frayeur, la crainte et l'appréhension sont issues de la peur ; l'allégresse, la jubilation et le sentiment de bonheur se rattachent à la joie.

Examinez attentivement les trois émotions, et notez ce qui les différencie en appliquant les critères : rythme, temps, soi et autres, comparaisons.

Cherchez dans votre vécu d'autres émotions, voisines de celles que vous venez d'explorer...

Comprendre le sens de leur message

Toutes les émotions ont un sens dans la situation où elles apparaissent, même si, à première vue nous avons l'impression qu'elles sont décalées ou inappropriées.

Témoignage

Marina a demandé à Isabelle d'être témoin lors de son mariage. Elles se connaissent depuis l'enfance et sont amies de longue date. Pourtant, Isabelle se sent mal à l'aise, elle explique : « Je devrais être heureuse pour Marina, elle se marie avec un homme qu'elle aime, elle nage dans le bonheur… Pourtant, je ressens une sorte de rage qui gronde en moi ; ça me fait peur et en plus je me sens coupable de ressentir ça, je trouve que c'est vraiment nul de ma part, et puis j'ai l'impression qu'elle va le voir, que tout le monde va le voir, moi l'amie fidèle, la copine de toujours, j'ai vraiment tout faux … »

Les émotions font partie de nos dispositifs d'adaptation, elles ne peuvent en aucun cas « travailler » contre nous, tout au contraire. Une croyance très pernicieuse traverse allègrement les siècles : elle concerne la « pureté » des pensées qui serait en permanence menacée par des forces maléfiques contre lesquelles il serait donc vertueux de lutter. Ces puissances occultes se manifesteraient notamment par des émotions comme les désirs inassouvis, les colères refoulées, la méchanceté, la frustration, l'envie de nuire, et autres réjouissances... Ainsi, un comportement correct ne le serait pas si nous étions traversés d'une pensée « impure ». C'est cette puissante croyance qui provoque un sentiment de culpabilité et de honte chez Isabelle. Ce n'est pas en se faisant des reproches qu'elle va pouvoir échapper à son malaise, mais en faisant l'effort de comprendre le sens de ce qu'elle éprouve. Isabelle compare sa vie à celle de son amie et le bonheur de celle-ci lui rappelle avec force sa propre solitude, lui fait craindre aussi de perdre son amitié. La colère d'Isabelle a donc de multiples cibles à commencer par elle-même...

L'élément caractéristique

Pour comprendre le sens précis d'une émotion, on part du principe qu'elle apparaît dans un contexte défini : une situation de communication, un événement, une réflexion, une période de la vie, un moment de la journée... L'émotion résulte d'une perception de la situation, et s'insère logiquement dans l'expérience. Quand on ne comprend pas le sens d'une émotion, on a le sentiment d'être privé de pouvoir, incapable de gérer la situation ou même de l'anticiper. L'émotion met à notre portée de nombreux indices permettant d'en comprendre le sens, le travail sur soi va consister à relever ces indices et trouver l'élément qui caractérise vraiment l'émotion.

Dans l'exemple précédent, Isabelle ressent une émotion qu'elle décrit par ces mots : « une rage qui monte en moi ». Je lui demande alors quelles images cela évoque en elle, et il lui vient alors à l'esprit toute une série de situations dans lesquelles, elle s'est sentie infériorisée soit parce qu'elle s'est exclue toute seule, soit parce qu'elle a interprété en sa défaveur le comportement d'autres personnes. Il devient clair pour Isabelle qu'elle s'auto-évalue en permanence, et se compare aux autres pour mieux se dévaloriser. Quand il s'agit d'autres situations, elle compare ses performances à un idéal, qui par définition, n'existe que dans son imagination et lui permet de se maintenir dans l'échec. Or, comme l'échec est inacceptable, Isabelle est en colère... Toutes les expériences de cette « rage » se fondent sur un même élément : les comparaisons, puis un dialogue intérieur conclut à une évaluation négative. C'est à partir de ce constat qu'Isabelle va pouvoir réajuster ses repères d'évaluation et se libérer de sa « rage »... Quand Isabelle examine les autres ressentis, la peur d'être découverte, sa culpabilité de ressentir cette colère, elle trouve à nouveau cette comparaison défavorable. En effet, elle cherche à ressembler à un modèle de perfection, tellement parfait qu'il n'est jamais accessible...

À savoir

La découverte de l'élément caractéristique de l'émotion permet d'arriver rapidement à en saisir la logique, et, à partir de là, il est possible de définir une piste de travail réellement féconde.

L'élément caractéristique de l'émotion est généralement facile à trouver à condition d'être à l'affût d'indices révélateurs. S'ils n'apparaissent pas d'emblée, l'exercice suivant peut s'avérer utile.

Exercice 12
La « couleur » de nos émotions

Souvenez-vous d'une expérience agréable récente, puis de deux autres, également agréables mais plus anciennes.

Quand vous avez trouvé trois expériences agréables, comparez ce que vous avez ressenti alors et attribuez une couleur à cette expérience, puis explorez les deux possibilités suivantes.

- Les trois couleurs sont identiques ou présentent de légères nuances : selon vous que symbolise cette couleur ?
- Les trois couleurs sont très contrastées : cherchez ce que chacune symbolise et trouvez les points communs à ces symboles.

Le symbole le plus puissamment évoqué est directement lié au sens de l'émotion.

Un message unique et personnel

Chaque émotion contient un message unique et personnel capable d'ouvrir de nouvelles pistes créatives nous libérant ainsi d'un douloureux ressenti d'impuissance ou de passivité. La colère d'Isabelle la renvoie à un conflit intérieur entre ce qu'elle est et ce qu'elle voudrait être, cette émotion lui indique avec précision que son modèle de perfection se heurte à une réalité toute différente. Nous ne cherchons pas à savoir pourquoi Isabelle a choisi un tel modèle, mais comment l'aider à résoudre le conflit entre le modèle et la réalité. En ce sens, la colère qui indique la transgression du modèle est très utile car elle éclaire violemment la situation ce qui fait apparaître les limites et les incohérences d'un tel modèle. Dans cet exemple, la colère va ouvrir la voie à un réexamen des repères...

À savoir

Le message de l'émotion contient une information qui révèle une croyance ou une valeur fondatrice du thème de vie ou de la thématique d'un problème.

C'est parce qu'il va droit à l'essentiel que ce message est précieux. Tant qu'il n'est pas perçu et utilisé, le message revient, et le ressenti s'impose à chaque occasion.

Témoignage

Rémi se plaint d'éprouver de la tristesse, même dans des moments où il a « tout pour être heureux », cela le préoccupe et il explique : « Quoiqu'il arrive, je trouve toujours le moyen d'être triste ; si tout va bien, je me dis que ce n'est pas normal et que ça ne va pas durer et quand j'ai des ennuis je pense qu'au final, je les ai bien cherchés ce qui me rend encore plus triste... » Je lui demande de prêter une oreille très attentive à son dialogue intérieur et d'évaluer s'il est pleinement d'accord... Rémi est très surpris : « Ce n'est pas ma voix dans le dialogue intérieur, c'est celle de l'instituteur que j'avais à l'école primaire, il me blâme et je me sens horriblement triste. » Il ajoute : « Mais je ne suis pas du tout d'accord, comment ai-je fait pour passer à côté de cette évidence ? J'en ai assez d'être triste ! »...

L'élément caractéristique de la tristesse de Rémi, c'est le blâme, il a appris très tôt que, quoiqu'il fasse, il encourt le blâme d'une autorité, il croit sincèrement qu'il le mérite et sa tristesse résulte de cette évaluation péjorative qu'il relaie avec une redoutable efficacité dans son dialogue intérieur. Le message de la tristesse lui indique qu'il a commis une erreur, même sans le vouloir, et qu'il doit apprendre à vivre avec ce fardeau. Rémi a organisé sa vie autour de ce sentiment, et n'a jamais vraiment connu de satisfaction personnelle bien que son parcours scolaire, universitaire et professionnel ait été « sans faute ». Quand il prend contact avec son ressenti de tristesse en écoutant attentivement son dialogue intérieur, il comprend brutalement que les commentaires ne sont pas vraiment les siens mais ceux d'un personnage qui a eu de l'autorité sur lui dans son enfance et à qui il permet d'exercer un pouvoir important sur sa vie actuelle. La mise en exergue du dialogue intérieur a révélé un message auquel Rémi n'avait jamais prêté attention jusqu'alors ; son sentiment de tristesse avait fini par s'immiscer dans les plus infimes parcelles de son expérience. Le message de sa tristesse a été un déclic, dès qu'il l'a compris, Rémi a pu redéfinir ses repères et se réapproprier son dialogue intérieur.

Le message de l'émotion est rarement compris d'emblée parce qu'on développe la plupart du temps une méta-émotion qui brouille les cartes. Par exemple, certaines personnes, quand elles éprouvent une satisfaction, déclenchent aussitôt un commentaire tel que « ça ne peut pas durer », pire encore, elles finissent par donner plus de poids à celui-ci qu'aux faits réels de l'expérience en train de se dérouler. La satisfaction initiale se trouve donc polluée par des commentaires infondés et péjoratifs. Dans ces conditions, il semble difficile de cerner le message de la satisfaction.

Pourtant, si on examine attentivement un tel état émotionnel, on remarque que la satisfaction est solidement ancrée dans le présent et qu'elle résulte de l'accomplissement d'une tâche ou d'une action, d'un projet, ou de celui d'une autre personne. On ne peut pas être satisfait d'un événement qui n'est pas encore arrivé. Face à un projet dans l'avenir, on peut juste se sentir plein d'espoir, optimiste, conscient de ses aptitudes mais non pas satisfait. La satisfaction représente l'aboutissement favorable de quelque chose, son message doit nous aider à prendre conscience de nos efforts, renforcer notre confiance en nos compétences : la satisfaction est une récompense et doit participer à une réévaluation de nos possibilités.

Exercice 13
Utiliser l'émotion comme un fil conducteur à travers nos expériences

Pensez à un état émotionnel que vous ressentez souvent.

Trouvez-en les principaux éléments (rythme, temps, soi/autres, comparaison) et donnez un nom à cet état.

En prenant comme fil rouge cette émotion, trouver deux ou trois situations dans lesquelles elle se manifeste. Trouvez les points communs à ces situations dans votre propre ressenti.

Faites le point à présent pour découvrir le message de votre émotion en répondant aux questions suivantes :

- Qu'est-ce qui me manque dans chacune de ces situations ?
- Que devrais-je apprendre pour mieux les gérer ?

Le message de votre émotion se trouve dans les réponses...

Évaluer la pertinence de ses intuitions

> *« C'est avec la logique que nous prouvons, et avec l'intuition que nous trouvons. »*
>
> Henri Poincaré[1]

L'intuition se manifeste en général par des émotions, des sensations ou des images mentales, elle résulte du recueil de nombreux indices qu'elle assemble en un tout cohérent. Dans la boîte d'un puzzle, toutes les pièces sont là, mais elle ne représentent pas l'image. Il appartient au joueur de les examiner et de les placer là où elles doivent aller... Pour utiliser son intuition avec efficacité, il convient d'abord d'accueillir ses émotions et d'identifier leur message, puis de prendre du recul vis-à-vis de la situation en cours. La connaissance de soi et de ses points de repère est aussi indispensable.

Si on examine la situation de « première impression », on découvre que devant une personne inconnue jusqu'alors, on cherche inconsciem-

1. Henri Poincaré, mathématicien français (1854-1912) est connu aussi pour ses travaux philosophiques comme *La science et l'hypothèse*, paru en 1902 et réédité aux Éditions Ellipses, coll. « Philo », 2001.

ment des similitudes et des différences avec d'autres personnes. Lorsque la personne inconnue ressemble à quelqu'un de sympathique, la plupart des gens ont « l'intuition » qu'ils peuvent lui faire confiance. Si la personne inconnue ressemble à quelqu'un dont on désapprouve les opinions, ou les comportements, elle sera jugée antipathique et peu digne de confiance. Cela veut dire que nous évaluons toujours nos expériences avec nos propres outils : croyances, critères, valeurs fondatrices, thèmes de vie. Difficile d'être neutre dans ces conditions ! Ce serait en effet une grave méconnaissance des réalités que d'imaginer que l'on peut être neutre... Dans une situation de communication, chaque personne présente joue un rôle sur le déroulement des choses, même si elle imagine qu'elle se conduit de façon neutre. L'attitude réaliste consiste à repérer les différents intérêts, les objectifs, de chaque personne impliquée dans la situation. L'intuition n'est d'aucune utilité si elle se limite à une sorte de rappel du déjà vu. Les gens que nous n'aimons pas ou dont nous nous méfions nous renvoient à des expériences désagréables, ou à des traits de notre personnalité que nous n'aimons pas. Si les états émotionnels en rapport avec ces expériences surgissent et cherchent à s'imposer à notre attention, ce ne sont pas des intuitions, seulement des rappels d'expériences jugées désagréables. Une fois que l'on a pris conscience des filtres à travers lesquels on regarde le monde, on peut commencer à libérer son intuition.

Découvrir les images associées

Synthèse d'indices relevés çà et là et organisés en un tout cohérent, l'intuition s'impose à l'attention jusqu'à suggérer une décision. Quel autre moyen que l'image pourrait-il mieux en rendre compte ? Une image contient une multitude d'informations qu'il serait difficile et même sans doute impossible de traduire en mots. Aussi, face à un problème ou une décision qui demande une réponse rapide, l'intuition s'avère un excellent guide. Elle se manifeste par des états émotionnels accompagnés d'images mentales, et parfois aussi de dialogues intérieurs.

Témoignage

Wilfried, 35 ans, formateur en relation commerciale, raconte un épisode qui l'a marqué et lui a appris à faire confiance à son intuition. « Il y a trois ans environ, je me retrouve face à un groupe de huit commerciaux débutants, parmi eux il y en avait une que j'ai trouvé particulièrement antipathique, un physique très ingrat, une voix cassante, toujours prête à sortir le propos qui fâche. Ça m'a interpellé et j'ai eu comme une certitude que cette femme devait être excellente sur le terrain, que son comportement avec ses collègues n'était qu'une façade, sans doute pour se protéger… Bon, je ne suis pas allé plus loin, mais j'ai senti que je ne devais surtout pas me fier aux apparences. » Je demande à Wilfried, si son intuition s'est révélée exacte et il me répond : « Oui, de façon indirecte. Je participais à une réunion avec les cadres responsables des équipes qu'on avait en formation, l'un d'entre eux est venu vers moi et m'a demandé si la collaboratrice en question était dans l'un de mes groupes, j'ai dit que oui, alors il m'a félicité et a précisé qu'elle était déjà très bonne avant le stage, mais qu'aujourd'hui elle était devenue excellente… » J'insiste pour savoir si Wilfried a eu une attitude différente envers elle, il dit « Sans doute, je me suis efforcé d'être très attentif, de bien lui " vendre " mon message ! C'était facile, elle était de son côté très intéressée. »

Wilfried explique enfin qu'à partir de cette expérience, il est devenu beaucoup plus attentif à ses émotions et sensations, il a pris l'habitude, chaque fois qu'il ressent un état émotionnel particulier de l'explorer en cherchant les images qui s'y associent. Quand il a vu cette collaboratrice pour la première fois, il a senti qu'elle ne se montrait pas sous le même jour qu'en situation de relation commerciale. En examinant son ressenti de plus près, il découvre deux images, la première où la personne se présente telle qu'il la voit, la seconde telle qu'il l'imagine dans son travail. Il pense alors qu'elle fait preuve d'une incroyable souplesse dans ses comportements, ce qui renforce sa conviction.

Le travail d'accueil et de compréhension des émotions représente le premier pas, l'intuition se construit sur la base d'un recueil d'indices qui aboutissent à une sorte de certitude. Les perceptions sensorielles, l'observation des signes non verbaux de la communication s'assemblent afin de créer un état émotionnel : l'intuition peu à peu se construit. Elle se manifeste souvent par une sorte de déclic, l'instant d'avant, on est perplexe, l'instant d'après un sens apparaît.

Exercice 14
Visualiser le scénario d'un projet

Un projet vous intéresse mais vous ne savez pas encore si vous allez vous investir dans sa mise en œuvre.
Commencez par vous rendre disponible mentalement, efforcez-vous de prendre contact avec ce que vous éprouvez et laissez toutes vos pensées s'exprimer.
À présent, en contact avec votre ressenti, essayez de le traduire en images mentales et cherchez-en le sens. Vous encouragent-elles à vous engager dans le projet ? Font-elles surgir des obstacles ? Des opportunités intéressantes ?

Évaluer les possibles à partir des images et des émotions

« C'est à l'intelligence d'achever l'œuvre de l'intuition. »

Romain Rolland, *Jean-Christophe*[1]

Nous avons appris à identifier les émotions, les énoncer, prendre le recul nécessaire à leur analyse, en comprendre le message. Ce chemin nous a conduit à accueillir nos ressentis comme des informations intéressantes, et à créer les conditions nécessaires à l'intuition. Il nous reste à présent un travail de construction qui va donner corps à cette intuition. Dans un premier temps, il faudra faire la part de nos croyances, si par exemple, nous avons tendance à la défiance plutôt qu'à la confiance, nos intuitions le reflèteront fidèlement, nous verrons surtout les pièges au détriment des opportunités avantageuses. Quand nous avons eu une expérience désagréable avec une personne, nous voyons surtout les

1. Roman paru en dix volumes entre 1904 et 1912, disponible aux Éditions Le livre de Poche, 2001.

problèmes possibles lorsqu'une nouvelle rencontre se présente. Ces préjugés peuvent aller à l'encontre de l'intuition, ou les diriger de façon assez prévisible. Pour évaluer les possibles à partir des images et des émotions, nous devons commencer par identifier ces limites et si possible les utiliser à bon escient. Il semble cependant que la tâche soit plus difficile qu'il n'y paraît ; en effet, pour qu'une expérience désagréable ne soit pas un obstacle, nous devons en tirer un enseignement utile. Si ce n'est pas le cas, le souvenir de cette expérience peut nous hanter sous la forme d'une contrainte parfois démesurée.

Témoignage

Beverley, 28 ans, coiffeuse, est dans l'embarras. Son compagnon lui « met la pression » pour qu'elle quitte son travail et vienne s'installer dans une ville voisine. Elle aurait la possibilité de créer sa propre entreprise, mais cela lui fait un peu peur. Elle est suffisamment qualifiée, elle sait qu'une partie de la clientèle la suivrait et qu'elle n'aurait pas de difficulté à faire prospérer son affaire, mais, elle a l'intuition qu'elle va à la rencontre de problèmes et diffère sans cesse sa décision. Elle m'explique : « Depuis que cette question est apparue, l'ambiance a changé dans notre couple, mon ami m'en parle tous les jours, ça devient une véritable obsession. J'ai beaucoup réfléchi et ça a fini par me convaincre de deux choses, d'une part, j'ai pris conscience que j'avais vraiment confiance en mes compétences professionnelles, avant, je ne pensais pas à ça. Mes patrons sont sympas, il y a une bonne ambiance au travail, j'ai mes clientes attitrées… L'autre chose, et c'est ça qui me fait peur, j'ai compris que je ne fais pas totalement confiance à mon ami. Cet acharnement qu'il met à vouloir me forcer la main, ça me met vraiment mal à l'aise… »

Quand je demande à Beverley d'imaginer le futur possible si elle reste à son poste, elle me dit qu'à terme, elle pourrait s'associer avec ses patrons et développer le salon, ils en ont évoqué la possibilité et cette perspective lui plaît beaucoup. Beverley semble réellement très motivée par cette possibilité et envisage même sérieusement de prendre les devants…

La seconde possibilité est beaucoup moins claire, elle se voit dans la ville voisine en train de faire les démarches nécessaires, elle imagine le décor de son salon de coiffure, elle s'investit à fond dans son projet. Mais son ami lui dit que rien ne presse, qu'il est heureux de la retrouver le soir à la maison, il se plaint qu'elle ne s'intéresse pas assez à lui et trop à son travail, il la presse de renoncer à son projet, en souligne les difficultés. Beverley s'imagine en train d'accepter à contrecœur ; elle sait qu'elle va s'ennuyer terriblement privée d'activité et de contacts. Elle a pris une voie qui la contraint à une vie de femme au foyer. Elle ajoute : « C'est curieux, plus j'y pense et plus je suis certaine que c'est ça qu'il veut, ça explique son insistance… »

L'intuition de Beverley la met en garde contre elle-même, elle connaît sa tendance à acquiescer plutôt qu'à s'opposer et doit en tenir compte dans ses décisions.

Le travail sur l'intuition amène souvent une compréhension renouvelée de l'expérience, ainsi, Beverley croyait avoir peur à l'idée de s'installer dans une autre ville, alors qu'en fait c'est l'évolution de sa relation de couple qui l'inquiète réellement.

Exercice 15
Imaginer le futur qu'on souhaite vraiment construire

Vous êtes invité à passer une semaine de vacances avec des amis qui pratiquent la randonnée. Vous acceptez, car cela vous fait vraiment plaisir qu'ils aient pensé à vous inviter. Mais de retour chez vous, vous regrettez cette décision.

Imaginez les deux situations : vous assumez votre décision, et tant pis si vous la regrettez ; vous trouvez un prétexte pour refuser la proposition de vos amis et vous partez où bon vous semble au moment où vous en avez envie.

Laissez se dérouler chaque scénario en imaginant comment les choses vont se passer. Puis cherchez ce que chaque possibilité vous a appris, quel est le véritable problème que vous redoutez ? Quelle est votre véritable attente quand vous partez en vacances ?

Cet exercice permet d'accueillir ses intuitions et de les mettre à l'épreuve d'un déroulement logique mais virtuel de la situation. Votre émotion joue le rôle du réalisateur, votre réflexion se charge de vérifier la validité de ces possibilités ainsi construites. On peut également utiliser cet exercice pour aider quelqu'un à prendre une décision réaliste et satisfaisante, comme un véritable coach...

Index des questions à se poser

Index des exercices

Bibliographie

Bandler Richard, *Un cerveau pour changer*, InterÉditions, 1990.

Bateson Gregory, *Vers une écologie de l'esprit*, Éditions Le Seuil, 1977.

Bandler Leslie Cameron, Gordon David, Lebeau Michael, *The emotional hostage*, Futur Pace Inc, 1985.

Boiocchi Claude, *Équilibre et vitalité*, Éditions Carnot, 2004.

Cudicio Catherine, *Comprendre la PNL*, Éditions d'Organisation, 1985.

Maîtriser l'art de la PNL, Éditions d'Organisation, 1987.

Développement personnel : le guide, Éditions d'Organisation,1993.

Déchiffrez votre moi. Le code existentiel, Éditions d'Organisation, 1995.

Couple et communication, Éditions d'Organisation, 2000.

La PNL. Communiquer autrement, Éditions d'Organisation, 2003.

Le grand Livre de la PNL, Éditions d'Organisation, 2004

Déchiffrer nos comportements, Éditions d'Organisation, 2005.

Cudicio Catherine et Patrice, *Avoir une sexualité épanouie*, Éditions Eyrolles, 2006

Cyrulnik Boris et Etchelecou Bernard, *Les nourritures affectives*, Éditions Odile Jacob, 1973

Damasio, A., *Le sentiment même de soi*, Éditions Odile Jacob, 2002.

Eckman Paul, *Emotions Revealed : Recognizing Faces and Feelings to Improve Communication and Emotional Life*, Éditions Owl Books, 2004.

Prod'Homme Gilles, *Le Développement personnel, c'est quoi ?*, InterÉditions, 2002.

Rogers Carl, *Le développement de la personne*, Éditions Dunod, 1998.

Gawain Shakti, *Techniques de visualisation créatrice et la Visualisation créatrice*, Éditions J'ai Lu, 1999.

Gellman Charles, *Le coaching*, Éditions d'Organisation, 2006.

Turner Charles Hampden, *Atlas de notre cerveau*, Éditions d'Organisation, 1990.

Hawking Stephen, *Une brève histoire du temps*, Éditions Flammarion, 1990.

Houston Jean et Masters Robert, *Mind Games*, Le Jour Éditeur, 1983.

Laing Ronald, *Nœuds*, Éditions Le Seuil, 1979.

Lewin Roger, *La complexité, une théorie de la vie au bord du chaos*, InterÉditions, 1994.

Abraham Maslow, *Motivation and Personality*, Harper and Row, 1954.

The Psychology of Science, Harper and Row, 1966.

Vers une psychologie de l'être, Éditions Fayard, 1972.

Meyer Richard, *À chaque jour suffit son bonheur, l'humain et ses trois dimensions : affective, sociale et créative*, Éditions Le Coudrier, 1994.

Meyer Richard, Dunstetter Odile, Loetscher Michel, *Lieux du corps en psychothérapie*, Marseille, Éditions Hommes et Techniques, 1993

Nathan Tobie, *L'influence qui guérit*, Éditions Odile Jacob, 1994.

Perls Fritz, *Rêves et existence en Gestalt thérapie*, EPI, 1972.

Rogers Carl, *Le développement de la personne*, Éditions Dunod, 1977.

Satir Virginia, *Conjoint Family therapy*, Science and Behaviour Books, 1964.

People Making, Science and Behaviour Books, 1972.

Schultz, J.-H., *Le Training autogène*, Éditions PUF, 1977.

Stewart Ian, *Dieu joue-t-il aux dés ?*, Éditions Flammarion, 1992.

Watzlawick Paul, *Le Langage du changement*, Éditions Le Seuil, 1978

Faites vous-même votre malheur, Éditions Le Seuil,1984.

Table des matières

Dépôt légal : août 2007

Imprimé en France par Aubin Imprimeur, Ligugé - Poitiers (L 71274)

Cet ouvrage est imprimé, pour l'intérieur, sur papier Ambergraphic de la papeterie Articpaper, certifié ISO 14001, et pour la couverture sur papier Ensocoat de la Papeterie Papyrus, certifié ISO 14001, fabriqués à partir de bois issus des forêts gérées durablement.